Ma première mission

George Q. Cannon

Writat

Cette édition parue en 2024

ISBN : 9789359940373

Publié par
Writat
email : info@writat.com

Contenu

Préface à la première édition

J'ai écrit le premier chapitre de ce petit ouvrage sous forme d'esquisse destinée à la lecture des jeunes lecteurs du *Juvenile Instructor*. Il a été écrit à la hâte — comme ceux qui l'ont suivi — et sans aucun nom d'auteur, ni aucune intention, à l'époque, d'y ajouter quelque chose. Ensuite, j'ai décidé d'écrire une série de sketches missionnaires ; mais lorsque ceux-ci furent rédigés, je n'avais pas l'intention de les publier sous leur forme actuelle. Ils ont été rédigés dans un style simple, familier et personnel, dans le but de susciter l'intérêt des jeunes.

Quand j'étais jeune, j'ai eu la chance de vivre dans la famille du président John Taylor. C'était mon plus grand plaisir à cette époque de l'entendre, lui et d'autres aînés, raconter leur expérience en tant que missionnaires. De telles conversations me fascinaient beaucoup. Ils m'ont fait une profonde impression. Les jours dont ils parlaient étaient les jours de pauvreté, où les anciens voyageaient sans bourse ni certificat, parmi des gens étrangers qui ignoraient nos principes et dont un trop grand nombre étaient prêts à se rassembler et à persécuter. Ils voyageaient par la foi et étaient des pionniers pour le Seigneur dans des pays étrangers, et il était leur seule confiance. Leurs missions étaient riches en exemples de sa puissance manifestée en leur faveur. Ce que j'ai entendu a renforcé ma foi et augmenté le désir dans mon cœur d'être missionnaire. Aucune vocation n'était plus noble à mes yeux que celle de porte-drapeau de l'Évangile.

La pensée qui me pousse à publier *Ma première mission* est que peut-être cela pourrait avoir sur certains jeunes de Sion l'effet que les récits des Anciens fidèles ont eu sur moi. J'espère que cela sera bientôt suivi d'autres petits volumes de cette série, la *série Faith-Promoting*. J'ai pensé que l'esprit missionnaire ne brûlait pas aussi vivement qu'il le devrait chez certains de nos jeunes gens, qu'ils ne comprenaient pas la valeur des âmes humaines aux yeux du Seigneur et les précieuses récompenses qu'il accorde à ceux qui les recherchent. de la bonne manière, pour les sauver. Et pourtant, on n'a jamais eu autant besoin d'hommes fidèles comme missionnaires qu'aujourd'hui. « Le champ est déjà blanc à moissonner », et il n'y a aucune limite dans le champ aux opportunités de ceux qui désirent travailler.

Si ce petit travail a pour effet d'éveiller et de fortifier l'esprit missionnaire, si le souvenir de ses incidents réconforte les cœurs et favorise la foi de ceux qui partent en mission, le plus grand désir sera satisfait de

L'auteur
septembre 1879

Préface à la deuxième édition

Deux ans et demi se sont écoulés depuis la parution de la première édition de *Ma Première Mission* . C'était la première œuvre de ce genre publiée, et le succès financier de l'entreprise n'était pas du tout certain à cette époque. Il n'est pas exagéré de dire maintenant que nos attentes les plus optimistes en commençant la publication de la *série Promouvoir la foi* ont été plus que réalisées. *Ma première mission* est rapidement devenue populaire ; les 6 000 exemplaires de la première édition sont tous éliminés et il y a une demande pour davantage. Quatre autres volumes de la même série ont également été publiés et reçus avec la même faveur ; il semble en effet que chaque volume paru crée un goût pour un autre. Nous prévoyons de publier très prochainement le sixième volume de la série et qui sera suivi par d'autres aussi vite que nos circonstances le permettront. Le bien qui a déjà été accompli par ces livres, si l'on en croit les nombreux témoignages que nous recevons constamment, ne peut être estimé ; et pourtant nous estimons que le travail dans ce sens ne fait que commencer. Que cela continue jusqu'à ce que de telles œuvres abondent au milieu des saints et jusqu'à ce que les jeunes soient influencés par elles pour vivre une vie de pureté et accomplir des actes de justice, tel est le désir sincère de

L'éditeur
mars 1882

Chapitre 1

Timidité lorsqu'on tente de parler en public – Détermination à persévérer et à s'appuyer sur Dieu – Assurer la manifestation de la présence de l'Esprit de Dieu

L'écrivain n'oubliera sans doute jamais ses premières tentatives de prise de parole en public. Alors qu'il était encore jeune, il fut ordonné l'un des soixante-dix anciens. Le collège dont il est devenu membre a été organisé le jour de son ordination, et il a été choisi pour en être le greffier. Lors des réunions du quorum, il était d'usage que ceux des présidents présents fassent quelques remarques, puis les membres étaient invités à prendre la parole.

Dans de telles occasions, il devenait si nerveux qu'il devait s'arrêter d'écrire quelque temps avant que vienne son tour de parler ; et puis, quand il se leva, il ne savait presque pas ce qu'il disait, tant sa frayeur était grande.

Il souffrait constamment de ce sentiment de peur chaque fois qu'il essayait de prendre la parole lors des réunions de collège ou des réunions de témoignage, et en fait, pendant un certain temps après avoir commencé une mission de prédication.

Il y a eu une résolution qu'il a prise au début, qu'il a toujours gardée et qu'il désire transmettre à chaque garçon et fille de Sion.

Il a décidé que, chaque fois qu'on lui demanderait, il demanderait toujours, avec l'aide du Seigneur, une bénédiction, ou prierait, ou parlerait, et n'essaierait pas de s'excuser.

Peu importe combien de personnes étaient présentes, ni à quel point il se sentait mal à l'aise et effrayé, il a toujours fait ce qu'on lui demandait. Mais combien de fois a-t-il vu des jeunes gens et des jeunes femmes refuser de parler et de prier lorsqu'on y était invité ! Il a à la fois eu pitié et honte pour eux.

De telles personnes acquièrent l'habitude de *rechigner*, et les hommes et les femmes *hésitants sont aussi mauvais à leur place que les chevaux hésitants le sont dans la leur.*

Beaucoup de personnes pensent que parce qu'elles sont timides et n'ont pas l'habitude de demander une bénédiction ou de prier à haute voix, elles peuvent donc s'excuser lorsqu'elles sont appelées à le faire. Mais les gens de bien-être admirent bien plus les garçons et les filles, les jeunes hommes et les jeunes femmes, qui ont le courage et les bonnes manières d'accéder à une demande de ce genre, même s'ils commettaient des erreurs gênantes, bien plus qu'ils ne le feraient s'ils refusaient de le faire. donc.

Ce qu'on appelle la timidité n'est souvent que de l'orgueil. Ceux qui en sont tourmentés sont généralement soucieux de paraître avantageux ; ils désirent l'approbation de leurs semblables ; et la peur de dire ou de faire quelque chose qui ne répondrait pas aux normes les opprime et les rend nerveux.

La première fois que l'écrivain fut appelé à parler à une congrégation mixte de saints et d'enquêteurs, il était en compagnie de neuf anciens. Ils n'étaient que deux ou trois à avoir jamais parlé en public ; mais comme il était le plus jeune du groupe et qu'il sentait qu'il n'était qu'un enfant, il pensait qu'ils seraient tous appelés avant lui. Cependant, à sa grande surprise, l'aîné qui présidait l'appela le premier.

Fidèle à sa résolution, il se leva et commença. Pendant deux ou trois, ou probablement cinq minutes, il s'en est plutôt bien sorti. Puis il s'est perdu, ses idées étaient confuses et il a oublié tout ce qu'il savait. Si le fond avait disparu de sa mémoire, cela n'aurait pas pu être pire. Il s'assit, un peu honteux ; mais pas découragé. Il était en mission et il était déterminé à ne pas reculer et échouer. Mais c'est très mortifiant de se lever pour parler et de s'effondrer ensuite.

Après cela, il entreprit un voyage de trois semaines vers le pays où il avait été affecté en mission. Après avoir atterri, il a assisté à une réunion publique d'étrangers qui n'avaient jamais entendu l'Évangile. Elle s'est tenue dans un Béthel de marins, le ministre l'ayant aimablement offert aux anciens pour leur réunion. L'un des aînés a parlé des premiers principes ; l'écrivain l'a suivi, a témoigné et a fait quelques autres remarques. Il était très effrayé et embarrassé ; mais il parla plus longuement qu'auparavant.

Après cela, les circonstances l'obligèrent à sortir seul parmi le peuple. Dans ce pays où l'on n'avait pas de cloches à sonner, on réunissait les gens en soufflant dans une conque. Lorsqu'il est habilement soufflé, l'un d'eux peut être entendu à longue distance. À mesure que l'heure du rendez-vous approchait, il était d'usage de commencer à souffler l'obus, et alors notre jeune missionnaire était pris de tremblement. Le sentiment de terreur était terrible. Il avait été dans des lieux périlleux où la vie était en danger ; mais il n'a jamais ressenti ce qu'il ressentait à l'égard de la prédication. Il était seul et étranger, et parmi un peuple étranger. Mais il ne reculerait pas. Il savait que l'Évangile était vrai, qu'il avait l'autorité de le prêcher, que le peuple devait être averti et, par conséquent, malgré toute sa peur, il ne pouvait pas tenir sa langue. Il ressentait la même chose que Paul lorsqu'il disait aux Corinthiens : « Malheur à moi si je n'annonce pas l'Évangile. »

Environ six semaines après qu'il eut commencé seul son ministère, deux messagers arrivèrent d'une ville lointaine pour l'inviter à venir prêcher. Ils avaient entendu parler de la doctrine qu'il enseignait et des personnes qu'il avait baptisées, et ils voulaient en savoir davantage sur les principes. Il revint avec les messagers. Une grande salle de réunion a été obtenue pour prêcher. Il y avait beaucoup de monde, car les gens n'avaient jamais eu le privilège d'entendre un sermon prononcé par un saint des derniers jours. Vous pouvez imaginer ce qu'il a ressenti. Il y avait là un peuple désireux d'entendre, et pourtant combien il était faible, et combien plein de peur et de tremblement ! Lorsqu'il se leva pour chanter l'hymne, le son de sa voix dans ce grand bâtiment lui fit peur. Puis il a prié, puis a chanté un autre hymne. Il avait puissamment invoqué l'aide de Dieu. Lorsqu'il commença à parler, l'Esprit du Seigneur reposa sur lui comme jamais auparavant. Les gens avaient la foi et leurs cœurs étaient prêts à recevoir la vérité. Il parla pendant plus d'une heure, et il fut tellement emporté par l'Esprit qu'il était comme un homme en transe. La joie remplissait son cœur et celui des gens. Ils pleurèrent comme des enfants, et ce jour fut le début d'une bonne œuvre en ce lieu.

Je n'essaierai pas de vous décrire la joie qu'éprouva notre jeune missionnaire. Il avait été esclave ; mais maintenant il était libre. Dieu avait brisé les liens de la peur et il avait envie de le glorifier pour sa bonté. Depuis ce jour, il n'a jamais souffert de ces sentiments terribles qui l'oppressaient. Pourtant, il y a très peu d'orateurs publics, surtout dans cette Église, qui n'éprouvent pas un sentiment de nervosité lorsqu'ils se lèvent pour parler ; et il arrive souvent que lorsqu'ils se sentent le plus nerveux, ils sont capables de parler avec la plus grande puissance. Ils ressentent leur propre faiblesse et demandent de l'aide à Dieu.

Beaucoup de lecteurs de ce livre seront peut-être encore envoyés en mission, et le souvenir de cette esquisse pourrait les aider à persévérer. Ne refusez jamais de demander une bénédiction, de prier ou de parler lorsque cela vous est demandé, et Dieu vous aidera à surmonter tout sentiment de peur.

Chapitre 2

De San Francisco à Honolulu : tempête et mal de mer

Au début, en Californie, tout était évalué à un prix élevé. Nous étions dix, les Aînés, à vouloir obtenir un passage de San Francisco à Honolulu, la principale ville des îles Sandwich. Après quelques jours d'essais, nous réussissâmes à obtenir un passage entre les ponts du bon navire *Imaum de Mascate* , capitaine Ritches , commandant. Nous avons dû trouver notre propre literie ; mais le capitaine accepta de nous fournir de la nourriture, qui, on nous dit, devait être la même que celle qu'ils avaient dans la cabine.

Soit cette partie du contrat n'a pas été remplie, soit ils vivaient mal dans la cabane ; car notre nourriture n'était pas très attrayante. Mais nous pensions avoir de la chance de ne pas avoir à débourser plus de 40 dollars en or pour le passage et ces privilèges.

J'ai vu des endroits plus confortables que nos quartiers entre les ponts. Depuis, j'ai navigué à plusieurs reprises et je crois que si j'avais le choix, je ferais un voyage en tant que passager de cabine sur un bateau à vapeur Cunard plutôt qu'un voyage sur l' *Imaum de Mascate* , avec son tarif de cabine et son tarif. privilège de dormir dans mes propres couvertures.

L' *Imaum* était bas entre les ponts, et puis il y faisait si sombre que pendant quelques minutes après la descente, nous ne pouvions rien voir. Nous avions cependant eu quelques expériences difficiles depuis que nous avions quitté nos maisons, et nous n'étions pas disposés à critiquer notre navire ou ses aménagements.

Pendant une semaine après l'embarquement, nous sommes restés dans la baie de San Francisco, des vents contraires empêchant notre navigation. Cela nous ennuyait et ne convenait pas au capitaine, car il devait nous nourrir, au moins une partie du temps. Le retard de cette semaine l'a probablement aidé à conclure que le tarif de la cabine était trop avantageux pour nous. Dès que le vent devint un peu favorable, le pilote jugea préférable de se préparer à prendre la mer, et lorsque la marée tourna pour descendre, vers une heure de l'après-midi, nous levâmes les voiles et partîmes.

Mes souvenirs de ma sortie du Golden Gate, comme on appelle l'embouchure du port de San Francisco, ne sont pas très agréables. Il nous fallait battre, c'est-à-dire virer de bord d'un côté à l'autre, et la houle arrivait de l'océan en grosses vagues lourdes et roulantes. De chaque côté, nous apercevions une longue ligne de brisants courant vers la mer, l'écume ressemblant au loin à de grands bancs de neige.

Nous n'avions pas franchi la Porte lorsque nous avons commencé à avoir le mal de mer. Ces houles océaniques produiront très rapidement le mal de mer. Il n'y avait aucun endroit sur le pont pour être malade sans gêner, alors nous avons couru en dessous. J'ai vomi librement et je me suis senti soulagé, puis je suis remonté sur le pont. Le soleil déclinait à l'ouest et le ciel était menaçant et menaçant, laissant présager une tempête. Nous étions hors des têtes, et devant nous s'étendait le grand Pacifique ; mais il y avait autour des îles des îles dont le capitaine ne savait que peu de choses. Il n'aimait pas l'idée que le pilote le laisse dans une telle position avec l'obscurité qui approche et la perspective d'une tempête.

Si le capitaine tenait à ce que le pilote reste, celui-ci tenait également à s'éloigner du navire avant la nuit. Il n'avait aucune envie de rester à travers la tempête et de courir le risque d'être emporté au large ; aussi, lorsqu'un bateau-pilote était en vue, il l'hélait et descendait dans le petit yawl qui en sortait pour lui avec une telle hâte qu'il en oubliait son imperméable.

Il était très naturel, je suppose, qu'après avoir piloté le navire hors du port, il ait hâte de revenir avant que la tempête ne s'abatte sur nous ; mais je crois que nous aurions tous dû nous sentir mieux s'il était resté avec nous.

Le capitaine, surtout, se sentait responsable de sa position. Le voici à l'extérieur d'un port étrange, sur une côte dangereuse, avec un vent fort soufflant directement sur le rivage, et l'obscurité sur lui et il ignorait ce qui l'entourait !

Nous n'avons pas eu le temps de nous livrer à de nombreuses réflexions sur le sujet. Notre temps était occupé dans une autre direction, car nous souffrions tous gravement des effets du mal de mer ; et malgré les dangers de notre situation, le sentiment du ridicule, dans mon cas – un seul seau parmi nous pour chaque usage – a vaincu la peur, et je n'ai pu m'empêcher de rire.

Beaucoup de nos aînés et de nos colons étrangers se sont trouvés dans une situation similaire, et tous peuvent mieux imaginer nos sentiments que je ne peux les décrire. Cependant, ma légèreté, dans des circonstances si gênantes et si perplexes, a tellement offensé l'un des Anciens qu'il m'a réprimandé pour cela.

Pendant que nous étions ainsi occupés, le bruit sur le pont était très grand. Le capitaine avait comme second un métis indien de l'Est, et la plupart de ses employés étaient des Malais. Ses ordres au second, et les cris de ce dernier dans les mains, et leurs bavardages, faisaient une clameur qui résonnait fort au-dessus du bruit de la tempête.

En plein milieu de notre maladie, nous avons entendu le cri effrayant du second « les déferlantes en avant » et nous avons indiqué que nous étions proches d'eux. À tout autre moment, cela nous aurait excités ; mais nous étions si malades que cela ne nous dérangeait pas.

Peu de temps après, nous sentîmes le vaisseau heurter quelque chose de solide, et il trembla d'étrave en étrave ; cela fut immédiatement suivi d'un bruit de grincement et d'un bruit sourd à l'arrière. La première pensée fut qu'elle avait heurté un récif ; mais en la sentant s'installer dans le creux de la mer, nous savions que si elle avait heurté, elle était passée par-dessus.

Le choc que nous avons ressenti a été provoqué par un gros marteau qui nous a frappé ; il avait cassé les câbles de roue, et le bruit grinçant que nous entendions était le bruit sourd du gouvernail. Si le déferlant était passé au-dessus de nous, il aurait balayé les ponts, ou si les câbles de roue s'étaient brisés peu de temps auparavant, il est probable que le navire aurait été perdu.

En considérant ensuite notre évasion étroite, nous avons senti que nous devions rendre à Dieu la gloire de notre délivrance. Nous étions ses serviteurs et occupés à ses affaires, et il nous avait préservés.

Cette nuit fut une grande anxiété pour le capitaine, les officiers et l'équipage. Malgré notre maladie, nous avons également réalisé que nous étions dans une position critique et avons exercé toute la foi que nous pouvions.

Le capitaine avait sa femme avec lui, et il avait si peu d'espoir de sauver le navire, qu'il lui dit de se préparer pour l'éternité, car il ne pensait pas que nous reverrons jamais la lumière du jour dans ce monde.

Enfin le matin se leva, la tempête s'apaisa et nous pûmes poursuivre notre route.

Oh, la lumière du jour bénie ! Avec quelle joie il a été salué à bord de ce navire ! Cela ne nous a pas soulagés de notre mal de mer, mais cela nous a soulagés de nos périls.

Plusieurs jours s'écoulèrent avant que le capitaine ne se remette de sa fatigue et de son enrouement, provoqués par les cris de ses ordres cette nuit-là.

L' *Imaum de Mascate* était à destination des Indes orientales, mais devait toucher les îles Sandwich. Nous étions heureux de ne pas devoir aller plus loin, c'est donc avec une joie positive que nous avons appris, après avoir passé près de quatre semaines à bord , que nous serions bientôt à la fin de notre voyage.

La vue de la terre est la bienvenue pour ceux qui ont passé des semaines en mer, surtout s'ils ont souffert du mal de mer. A nos yeux donc, les îles accidentées et montagneuses du groupe hawaïen étaient très belles. Nous avions envie de marcher dessus.

Pour ma part, je n'étais guère destiné à un marin. Je suis très facilement rendu malade par le mouvement d'un navire sur l'eau, et aucun voyage en mer ne l'empêche. Il y a quelques années, alors que je traversais l'Atlantique, j'étais couché dans ma couchette avec le mal de mer, et pour me distraire, j'essayais de me rappeler le nombre de fois différentes où j'avais été dans cet état. J'ai compté plus de cinquante occasions distinctes où j'ai souffert de cette sensation, et j'ai eu le mal de mer à plusieurs reprises depuis.

Pendant la nuit, nous passâmes devant l'île d'Hawaï, la plus grande du groupe, et celle sur laquelle fut tué le capitaine Cook, le premier homme blanc (à notre connaissance) à avoir découvert ces îles.

Le lendemain matin, l'île de Maui était visible au loin. Puis Molokai et Lanai ; et le lendemain matin, lorsque nous nous levâmes, nous naviguions à côté d'Oahu, l'île sur laquelle est située la ville d'Honolulu, la capitale du royaume.

chapitre 3

Honolulu, son emplacement et son port — Prière au Tout-Puissant — Les anciens se séparent et commencent le travail sur les quatre îles principales

Honolulu est bâtie sur un vaste terrain plat, d'une grande fertilité. La ville est jolie et arbore un look tropical ; mais, depuis l'époque dont j'écris, ses bâtiments et ses environs ont été grandement améliorés. Des bosquets de cocotiers, avec leurs longues feuilles plumeuses et leurs troncs hauts et gracieux, poussaient çà et là dans les environs de la ville, et des arbres d'autres espèces étaient également abondants dans et autour d'elle. Derrière Honolulu s'étend ce qu'on appelle la vallée de Nuuanu , un beau pays qui, même lorsque nous l'avons visité pour la première fois, a été choisi comme localité appropriée pour les villas, les résidences de campagne et les jardins des officiers du gouvernement, des missionnaires et des marchands.

Sur la droite du port d'Honolulu se trouve « Punch Bowl Hill », une grande colline où brûlait autrefois un volcan, mais aujourd'hui éteint. Le nom est très approprié, car le volcan lui a donné plus la forme d'un bol à punch qu'autre chose.

A quelques milles de l'embouchure du port, nous rencontrâmes plusieurs canots contenant des indigènes des îles qui étaient en train de pêcher. Ces canots n'étaient que des rondins creusés ; mais ils étaient faciles à conduire, et, à l'aide de voiles, leur progression dans l'eau était très rapide. Pour éviter qu'ils ne se retournent, ils avaient des stabilisateurs fixés sur leurs côtés.

Un récif de corail, sur lequel la mer se brise avec un rugissement formidable, même par temps calme, s'étend presque autour du port d'Honolulu. L'entrée est très étroite et semblait difficile d'accès, et tandis que nous entrions, guidés par un pilote habile, un homme était occupé à lancer le plomb pour connaître la profondeur de l'eau. Sur le récif se trouvaient les épaves de plusieurs navires. L'eau était magnifiquement claire et il était facile de distinguer le fond au fur et à mesure que nous naviguions.

A peine l'ancre fut-elle jetée que les ponts furent remplis d'indigènes ; certains essayaient de vendre des bananes, des oranges, des noix de coco, des melons et d'autres fruits (c'était au mois de décembre), et d'autres étaient impatients de nous ramener à terre. Le caractère monotone de leur langage, leur élocution rapide, leurs gestes nombreux, nous faisaient les observer avec intérêt. Nous les considérions comme un peuple étrange. Je ne pensais pas, à cette époque, que j'apprendrais un jour leur langue, ni que je deviendrais aussi familier avec leurs coutumes que je l'ai fait par la suite

; car, bien que nous ayons été envoyés en mission dans les îles, nous pensions que notre temps serait occupé à prêcher aux blancs.

Notre premier devoir, après avoir trouvé un logement, fut de nous rendre à une montagne convenable, au sommet de laquelle nous trouvâmes une colline abrupte qui s'élevait brusquement et formait une table de trente ou trente-cinq pieds de largeur.

En montant, nous avons ramassé chacun un rocher avec lequel nous avons formé un autel grossier. Nous avons ensuite chanté un hymne, et chacun, à son tour, a exprimé ses désirs. Le plus âgé, qui était également président, a été choisi pour être la bouche en prière. Il a incarné nos désirs dans sa prière. Ils étaient que le Seigneur ferait un travail rapide sur ces îles, ouvrirait une porte efficace pour la prédication de l'Évangile, confondrait tous les opposants , nous aiderait à rassembler les honnêtes cœurs et épargnerait nos vies pour rentrer chez nous en toute sécurité.

Après avoir ainsi dédié le pays et nous-mêmes au Seigneur, l'un des anciens parla en langues et prononça de nombreuses promesses réconfortantes, et un autre interpréta. L'esprit du Seigneur reposait puissamment sur nous et nous étions remplis d'une très grande joie. J'ai eu ensuite la satisfaction d'assister à l'accomplissement de la promesse faite à cette occasion.

Le soleil baissait dans le ciel lorsque nous avons traversé. Notre descente s'est faite rapidement, car nous nous sentions joyeux, et lorsque les hommes sont joyeux et que l'Esprit de Dieu repose sur eux, ils se sentent souples et actifs. Nous avions été en présence du Seigneur et avions ressenti sa puissance, et pourquoi ne devrions-nous pas être heureux ?

Le président de la mission avait choisi comme compagnon l'homme le plus âgé. L'endroit le plus approprié pour qu'ils restent, selon nous, était à Honolulu. Mais que doivent faire les autres ? Se disperser parmi les autres îles, ou rester sur cette île – Oahu – jusqu'à ce qu'ils en sachent davantage sur la situation ? Il fut décidé que se rendre dans les différentes îles serait le plan le plus sage.

Il restait quatre îles importantes à occuper, et nous étions huit. Mais qui devaient être les partenaires et comment devrions-nous décider sur quelle île chaque couple devrait se rendre ? Le président n'aimait pas nous mettre en binôme, ni nous dire vers quelle île nous devions aller ; mais il consentit, avec son associé, à en choisir quatre sur huit pour présider, un sur chacune des îles.

Nous nous sommes retirés pendant qu'ils discutaient de cette question et avons fait leur choix. À ma grande surprise, à notre retour, j'ai découvert que j'étais choisi parmi les quatre. Jamais de ma vie je n'ai senti ma faiblesse plus sensiblement qu'à cette occasion. J'étais le plus jeune du parti et je me sentais le moins capable de remplir les fonctions qui m'étaient assignées.

Il s'agissait ensuite de sélectionner les partenaires et les îles ; et comment penses-tu qu'on a fait ça ? Vous lisez dans la Bible à propos du tirage au sort. Nous avons tiré au sort. Quatre morceaux de papier ont été marqués : *un* , *deux* , *trois* et *quatre* . Celui qui en a dessiné *un* avait le premier choix de partenaires; il en est de même pour les deuxième, troisième et quatrième nombres. Ensuite, les îles ont été marquées sur des bouts de papier de la même manière et nous avons dessiné pour elles. Le numéro un m'est tombé dessus. J'avais le premier choix.

Mon esprit ne s'était arrêté sur personne comme partenaire de choix, et je ne savais pas pendant quelques instants lequel choisir. Alors l'esprit du Seigneur m'a clairement dit de choisir frère James Keeler. Je l'ai fait.

J'ai été à la fois surpris et heureux de la manière dont il a reçu mon choix ; car moi, étant si jeune, et lui étant tellement mon aîné, j'avais pensé qu'il préférerait un partenaire plus mûr et plus expérimenté.

Il m'a ensuite dit que lorsque les quatre avaient été choisis, et qu'il avait découvert que j'étais l'un d'eux, il s'était éclipsé et avait prié le Seigneur pour que je puisse être amené à le choisir pour m'accompagner. Sa prière a été entendue et exaucée, et nous avons tous deux été satisfaits.

En tirant au sort les îles, Maui nous est tombée dessus. Lorsque nous la dépassions, mes sentiments étaient attirés vers cette île et je sentais que j'aimerais que ce soit mon domaine de travail. Je ne savais pas pourquoi cela aurait dû être ainsi, sauf que le Seigneur m'en avait donné le sentiment, car je ne savais rien à son sujet qui en ferait un endroit désirable à mes yeux.

Ma joie était très grande ce soir-là, à cause de ces précieuses manifestations de la bonté de Dieu. J'ai senti qu'il était proche pour entendre et répondre aux prières, et pour exaucer les justes désirs de nos cœurs ; et comment pourrions-nous douter de sa providence et de sa sollicitude envers nous à l'avenir ?

Enfants, je ne connais aucun sentiment qui puisse remplir le sein humain d'un bonheur, d'une joie et d'une confiance aussi indescriptibles que la foi en Dieu. Si Dieu est avec nous, qui peut être contre nous ?

Comme je l'ai déjà mentionné, nous étions huit Anciens, outre les deux qui devaient rester à Honolulu. Leurs noms étaient Hiram Clark, le président, et son collègue, Thomas Whittle. L'île sur laquelle nous débarquâmes pour la première fois devait être leur champ. Les quatre qui furent choisis pour présider les autres îles furent : Henry W. Bigler , dont l'associé était Thomas

Morris, et à qui tomba par tirage au sort l'île de Molokai ; John Dixon, dont le partenaire était William Farrer et dont le domaine était l'île de Kauai ; James Hawkins, qui choisit Hiram Blackwell comme compagnon et à qui l'île d'Hawaï tomba comme champ de travail ; et George Q. Cannon, dont le collaborateur était James Keeler, et leur domaine était l'île de Maui.

Comme le président conseillait à frère Morris d'aller travailler à Honolulu, et que frère Bigler était donc seul et que son île se trouvait à proximité de Maui, il décida d'accompagner les deux derniers anciens à Maui.

L'idée de se séparer de ses compagnons dans un pays étranger produit des sentiments de solitude dans le sein d'un Ancien, mais particulièrement s'il est jeune et inexpérimenté. Notre consolation à cette occasion était que nous prenions le plan grâce auquel nous pourrions récolter une joie plus abondante.

Chapitre 4

Notre maison à Maui—Entretiens avec le consul et le gouverneur—Notre première prédication publique—Nous sommes déterminés à apprendre la langue et à proclamer l'Évangile aux autochtones

Lahaina est la principale ville de Maui. Elle n'a pas de port, mais les navires mouillent dans ce qu'on appelle la rade. Vu de la mer, la ville n'est pas très imposante. Il s'étend sur une bande de terre plate et s'étend le long de la plage, et les maisons sont presque cachées par le feuillage. Des bosquets de cocotiers sont à voir, qui donnent au lieu un aspect tropical.

Nous avons eu beaucoup de difficulté à trouver un endroit convenable où nous arrêter. Il y avait un hôtel et quelques pensions ; mais nous ne pouvions vivre très longtemps dans aucun d'entre eux, car nos fonds étaient faibles. Nous avons obtenu une maison indigène d'une pièce, au prix de quatre dollars par semaine.

Ces maisons indigènes sont construites en plantant des poteaux dans le sol, sur lesquels est posée une planche servant de plaque sur laquelle reposent les chevrons. Lorsque l'ossature de poteaux et de chevrons est construite, des poteaux, de la taille d'arceaux, sont attachés horizontalement, à environ six pouces de distance, sur les poteaux et les chevrons. La maison est ensuite recouverte de chaume en attachant aux poteaux une herbe durable, qu'ils ont dans ce pays. Une fois terminée, une maison ressemble, par sa forme et sa taille, à une botte de foin bien construite .

De telles maisons ne conviennent qu'à un pays chaud où il n'y a jamais de gel. À l'intérieur de la maison, ils n'ont pas de plancher en planches. Le sol est recouvert d'herbe sur laquelle sont posées des nattes. La confection de ces nattes constitue un des principaux emplois des femmes, et une bonne ménagère de ce pays se reconnaît à la quantité et à la finesse des nattes de sa maison. Une telle femme tient beaucoup à ce qu'aucune saleté n'entre dans sa maison ; car les nattes répondent à la fonction de lits, de tables et de chaises. Ils s'assoient dessus ; lorsqu'ils mangent, leur nourriture est placée sur eux et ils forment leur lit, bien que dans de nombreuses maisons leur lieu de couchage soit surélevé au-dessus du sol ordinaire ; mais même alors, ils ont des nattes étalées sur lesquelles dormir.

Étant donné que nous étions des hommes blancs, l'homme dont nous avions loué la maison nous a fourni une table et trois chaises. Nous l'employions pour cuisiner notre nourriture, composée principalement de patates douces et de poisson, ou de viande, avec parfois un peu de pain, achetés dans une boulangerie de la ville. À cette époque, aucun indigène n'envisageait d'utiliser le pain comme aliment. Leur nourriture, je vous la décrirai plus en détail dans un prochain chapitre.

Nous avons eu un entretien avec le consul américain, M. Bunker, et avons sollicité par son intermédiaire une introduction au gouverneur de l'île. Il accéda volontiers à notre demande et, dans nos relations avec M. Bunker, il nous traita très gentiment.

Notre mission nous paraissait d'une telle importance que nous souhaitions la présenter à la plus haute autorité que nous puissions trouver. Je me suis fait une règle dans ces îles de ne jamais entrer dans un endroit sans attendre les hommes dirigeants et éminents, exposant mes affaires, témoignant de l'œuvre que Dieu avait commencée et demandant leur aide pour me permettre de déposer la proclamation dont j'étais. le porteur devant le peuple. De cette façon, j'ai eu des entretiens avec des princes, des nobles, des gouverneurs , des officiers du gouvernement, des missionnaires et des hommes importants dans chaque localité où je me suis rendu.

Cette solution n'est peut-être pas judicieuse dans toutes les nations et dans toutes les circonstances ; mais j'ai été amené à l'emmener là-bas, et les effets ont été bons. J'avais une intrépidité et une force que je n'aurais pas eues si je m'étais tenu dans un coin et si j'avais agi comme si j'avais honte de ma mission. J'ai également acquis de l'influence auprès des gens, et ils ont appris à me respecter ; car, même si les hommes peuvent différer dans leurs opinions sur la religion et sur d'autres questions, ils respectent généralement la sincérité et le courage.

Le gouverneur s'appelait James Young. Il était à moitié blanc, son père étant un ami de Kamehameha le Premier et l'un des premiers hommes blancs à s'installer parmi les Hawaïens. Nous demandâmes l'usage du palais, qui n'était pas alors occupé par la famille royale, pour y prêcher. Il promit d'écrire à ce sujet à son frère, le ministre de l'Intérieur. Nous l'avons appelé plusieurs fois par la suite pour le voir ; mais je n'ai pu obtenir aucune réponse définitive. Il nous paraissait évident qu'il n'osait nous accorder aucune faveur.

Le révérend M. Taylor était l'aumônier de la chapelle Bethel à Lahaina, où les marins et la plupart des résidents blancs allaient prier. Nous nous sommes présentés à lui, lui avons dit d'où nous venions et nos affaires, et lui avons demandé le privilège de tenir une réunion dans sa chapelle. Il tenait des réunions le matin et le soir. Il a consenti et a annoncé le matin aux gens que nous tiendrons une réunion dans l'après-midi. Henry W. Bigler a prononcé le discours et frère Keeler et moi avons rendu témoignage. Nous nous sommes vite rendu compte que si nous limitions nos travaux aux Blancs, notre mission dans ces îles serait de courte durée.

Les Blancs n'étaient pas nombreux à Lahaina, et ils étaient très peu nombreux ailleurs sur l'île de Maui. Leur prêcher dans l'espoir de les convaincre de la vérité semblait une tâche désespérée. La question s'est directement posée : « Devons-nous limiter nos travaux aux Blancs ? Il est vrai qu'il ne nous avait pas été spécialement demandé de prêcher aux indigènes des îles, mais nous étions au milieu d'eux et avions toute autorité pour leur annoncer le message du salut, et si nous ne le leur annoncions pas, un autre Les anciens devraient venir le faire, afin d' accomplir le commandement de Dieu envers ses serviteurs.

Pour ma part, je sentais qu'il était clairement de mon devoir d'avertir tous les hommes, blancs et rouges ; et à peine ai-je appris l'état de la population que je me suis résolu à acquérir la langue, à prêcher l'Évangile aux indigènes et aux blancs chaque fois que j'en aurais l'occasion, et à remplir ainsi ma mission. Je me sentais résolu à rester là-bas, à maîtriser la langue et à avertir les habitants de ces îles, si je devais le faire seul ; car je sentais que je ne pouvais pas faire autrement et être libre de toute condamnation ; l'esprit en était sur moi. Les aînés Bigler et Keeler ressentaient la même chose.

Je mentionne cela parce que c'est un point sur lequel une divergence d'opinions est survenue par la suite, certains des anciens étant d'avis que notre mission était auprès des blancs et que, lorsque nous les avions prévenus, nous étions libres de revenir. Comment pensez-vous que de telles divergences de points de vue et d'opinions peuvent être résolues ? Si le président de la mission avait exercé le pouvoir de dicter, il aurait pu trancher entre ces points de vue ; mais il ne le ferait pas. Il a laissé chacun agir par lui-même. Nous étions dans un pays étranger, très éloigné des apôtres et de la Première Présidence, et nous ne pouvions donc pas faire appel à eux. Notre seule ressource était d'obtenir pour nous-mêmes la révélation du Seigneur. C'est le privilège de tout homme et de toute femme dans l'Église. Si les saints des derniers jours recherchent la connaissance, Dieu la leur donnera pour les guider dans tous les détails de la vie, sous réserve, bien sûr, de l'autorité présidente, de ses enseignements et de ses conseils. C'est par ce moyen que nous avons pu, aux îles Sandwich, savoir quelle route prendre.

Les hommes blancs qui se rendent aux îles Sandwich ne se comportent pas toujours comme ils le devraient. Nous en avons vu certains qui ont agi de la manière la plus honteuse. Ils semblaient penser que, parce qu'ils étaient parmi les indigènes, ils pouvaient abandonner toute décence. Les indigènes sont des observateurs très attentifs. Ils ont vite compris que nous n'étions pas comme beaucoup de Blancs qu'ils avaient vus, et ils ont commencé à s'intéresser à nous. Ils nous ont facilement aidés à prononcer et à lire leur langue. Le manque de livres fut d'abord un grand inconvénient ; mais nous les avons envoyés à Honolulu pour les chercher.

Mon désir d'apprendre à parler était très fort ; il était présent avec moi nuit et jour, et je ne laissais jamais passer une occasion de causer avec les indigènes sans l'améliorer. J'ai aussi essayé d'exercer la foi devant le Seigneur pour obtenir le don de parler et de comprendre la langue. Un soir, alors que j'étais assis sur les nattes et que je discutais avec des voisins qui étaient passés, j'ai ressenti un désir inhabituellement grand de comprendre ce qu'ils disaient. Tout à coup, j'éprouvais une sensation particulière dans mes oreilles ; J'ai bondi sur mes pieds, les mains sur les côtés de la tête, et j'ai crié aux aînés Bigler et Keeler qui étaient assis à la table, que je croyais avoir reçu le don d'interprétation ! Et c'était ainsi.

À partir de ce moment-là, je n'ai eu que peu ou pas de difficulté à comprendre ce que disaient les gens. Je ne serais peut-être pas capable de séparer immédiatement chaque mot qu'ils prononçaient de tous les autres mots de la phrase ; mais je pouvais comprendre le sens général de l'ensemble. Cela m'a été d'une grande aide pour apprendre à parler la langue et je me suis senti très reconnaissant pour ce don du Seigneur.

Je mentionne cela afin que mes lecteurs sachent à quel point Dieu est disposé à accorder des cadeaux à ses enfants. S'ils sont appelés à aller comme missionnaires dans une nation étrangère dont ils ne comprennent pas la langue, c'est leur privilège d'exercer la foi pour les dons de parler et d'interpréter cette langue, ainsi que pour tout autre don dont ils pourraient avoir besoin.

Chapitre 5

Un peu plus de trois semaines s'étaient écoulées lorsque notre argent fut versé, sauf un très petit montant. Même si cette idée ne nous plaisait pas, il nous semblait nécessaire de nous séparer et de chercher des endroits où vivre où nous pourrions les trouver parmi les indigènes. Nous tirons au sort pour savoir quelle direction nous devons prendre. Henry W. Bigler s'est dirigé vers le sud ; James Keeler, est; et moi, au nord.

J'avais expliqué notre position à l'homme dont nous avions loué la maison. Bien sûr, mes explications n'étaient pas parfaites, car trois semaines de séjour ne nous avaient pas rendus maîtres de la langue ; mais il comprenait exactement la situation. Il se rendit dans une maison voisine, où vivait la famille qui avait fait notre lessive et qui s'était montrée très amicale et gentille, et il raconta à la dame comment nous en étions. Elle est entrée ; mais nous étions si occupés à faire nos dispositions pour partir, que nous ne lui parlâmes pas, et elle repartit.

Frère Bigler partit dans la direction qui lui était tombée dessus, un morceau de papier à la main sur lequel étaient écrites des phrases en langue maternelle, dont il aurait vraisemblablement besoin, avec leur sens en anglais. Frère Keeler et moi-même nous préparions à partir dans les directions qui nous étaient confiées, lorsque frère Keeler nous proposa de faire appel à Na-limanui , la vieille dame dont j'ai parlé. Notre but était d'apprendre d'elle, si nous le pouvions, qui était susceptible de divertir les étrangers.

« Na-limanui » signifie dans la langue des îles Sandwich « grandes mains ». *Lima* est le nom *main* , *nui* est l'adjectif *grand* ou *grand* et *na* est le signe du pluriel. Vous voyez, c'est un langage construit différemment du nôtre. Le signe du pluriel précède le nom et l'adjectif qualificatif le suit, comme « mains grandes ou grandes ».

Na-limanui ne savait pas où trouver un homme capable de nous divertir ; mais elle a dit que nous étions les bienvenus pour venir vivre dans sa maison. Nous avons eu une longue conversation avec elle et j'ai essayé de lui expliquer notre position et quelle était notre affaire en venant dans les îles. Nous n'avions pas d'argent, dis-je, mais tout ce que nous avions, nous serions heureux de le lui donner. Nous nous sentions humbles et aurions été heureux d'avoir un coin à terre pour dormir, afin de pouvoir vivre, apprendre la langue et remplir notre mission.

La bonté de cette vieille dame me toucha et je ne pus m'empêcher de pleurer. Jamais auparavant de ma vie je ne me suis senti aussi reconnaissant que pour l'abri qu'elle m'a offert. J'ai loué le Seigneur pour cela ; c'est Lui qui a touché son cœur et celui de sa famille.

La pensée que nous n'aurions pas à nous séparer ajoutait à notre joie, et vous pouvez probablement imaginer avec quel plaisir nous allions retrouver frère Bigler . Il avait réussi à trouver un indigène disposé à lui donner de la nourriture et un logement s'il voulait traire sa vache et faire d'autres tâches. Il était aussi heureux que nous d'apprendre que nous pouvions vivre ensemble.

Nous ne nous attendions pas à obtenir autre chose qu'un endroit pour nous étendre la nuit dans nos couvertures ; mais la fille de Na-limanui , mariée à un Espagnol, habitait à côté ; et elle avait fait vivre sa mère dans sa chambre, et la chambre de la vieille dame avait été préparée pour nous. Ils avaient aménagé la pièce du mieux qu'ils pouvaient.

J'éprouvais un profond sentiment de gratitude à l'idée d'avoir obtenu un abri dans cette pauvre hutte de femme autochtone que je n'avais jamais connue auparavant.

J'ai eu la chance, depuis ces premiers jours de ma vie, de voyager beaucoup et de me mêler à nos missionnaires dans de nombreux pays. J'ai vu des aînés prêts à tout endurer pour l'amour de l'Évangile ; leur cœur était rempli de joie et d'un désir ardent de magnifier leur prêtrise et de remplir leurs missions. Ce qu'ils mangeaient ou buvaient, où ils logeaient ou comment ils étaient habillés, étaient des questions de peu ou pas d'importance pour eux, tant qu'ils avaient l'Esprit du Seigneur et étaient dans l'exercice de leur devoir. D'autres, j'en ai vu, qui ressentaient chaque petite privation comme une épreuve terrible ; qui pensaient que si tout ne se passait pas bien pour eux, ils devraient souffrir plus que nécessaire, et qui étaient prêts à abandonner leurs champs de travail et à rentrer chez eux à la première occasion.

Il est à peine besoin de dire que les hommes de cette dernière classe sont rarement, voire jamais, des missionnaires qui réussissent. Ils pensent trop à leur propre bien-être et à leur confort, et leurs pensées sont trop tournées vers eux-mêmes pour travailler, dans des circonstances difficiles, au salut des autres. Lorsqu'un Aîné a l'esprit de sa mission, son confort est oublié. Il est parfaitement heureux de proclamer l'Évangile et de travailler pour le salut des autres, et il ne pense que peu au genre de nourriture qu'il mange, ou à la façon dont il se porte à d'autres égards. Ses besoins corporels sont engloutis dans sa joie en Christ.

Tels étaient nos sentiments au moment où j'écris. Nous étions prêts à vivre de n'importe quelle nourriture susceptible de nourrir notre corps, aussi courante ou même désagréable soit-elle ; nous étions heureux d'avoir un abri, si humble soit-il, sous lequel nous coucher ; notre désir était de remplir notre mission : et parce que nous le sentions ainsi, le Seigneur a compensé tout manque de consolation en nous donnant son Esprit Saint.

Je n'avais jamais été aussi heureuse de ma vie qu'à l'époque. Quand je priais, je pouvais aller vers Dieu avec foi ; Il a écouté mes prières; Il m'a donné beaucoup de réconfort et de joie ; Il s'est révélé à moi comme il ne l'avait jamais fait auparavant et m'a dit que si je persévérais, je serais béni, je serais le moyen d'amener beaucoup à la connaissance de la vérité et je serais épargné de rentrer chez moi après avoir fait du bien. travail.

Beaucoup de choses m'ont été révélées, au cours de ces jours où il était le seul ami sur lequel nous devions nous appuyer, et elles se sont ensuite accomplies. Une amitié s'est alors établie entre notre Père et moi, qui, j'espère, ne sera jamais brisée ni diminuée, et qui, je l'espère, a continué à se renforcer de ces jours à aujourd'hui.

Ce n'est pas mon habitude d'écrire ainsi librement sur moi-même ; mais j'écris pour que les enfants le lisent, sur lesquels je voudrais que mon expérience fasse une impression. Je désire qu'ils fassent de Dieu leur ami et qu'ils recherchent avec foi cette joie, cette paix et cet amour parfait que lui seul peut donner.

Peu de temps après notre emménagement dans la maison de Na-limanui , je fus appelé par lettre pour monter à Honolulu. Le partenaire du président de la mission avait décidé de rentrer chez lui, et on me demanda de déménager à Honolulu pour agir à sa place.

C'était une nouvelle inattendue pour moi, et ma séparation d'avec mes compagnons était presque aussi douloureuse que l'avait été quitter la maison. Outre l'Ancien dont j'avais entendu parler du projet de départ, j'y trouvai deux autres, à qui l'île de Kauai était tombée comme champ de travail, prêts à rentrer chez eux.

Il n'y avait que peu de Blancs sur cette île, et ils leur avaient prêché, mais n'avaient reçu aucun encouragement. Ils avaient écrit au président de la mission pour lui décrire la situation et il leur avait conseillé de venir à Honolulu.

L'idée de quitter les îles, parce qu'il n'y avait pas assez d'hommes blancs à qui prêcher l'Évangile, était si étrangère à l'esprit de mes compagnons de Maui, et à moi-même, que lorsque j'ai entendu dire que ces anciens étaient là avec l'intention de rentrer chez eux. , J'ai été surpris.

Je ne leur ai pas caché mes sentiments ; Je leur ai dit que je ne pouvais pas rentrer chez moi dans les circonstances actuelles sans me sentir condamné. Le Seigneur, à mon avis, dis-je, me tiendrait responsable de ne pas avoir accompli mon devoir envers ce peuple, si je devais les quitter ; et le peuple pourrait se soulever un jour en jugement contre moi, pour ne pas lui avoir donné le privilège d'entendre la vérité. Ma prière était que le temps vienne rapidement où tous connaîtraient le Seigneur et où sa connaissance couvrirait la terre comme les eaux couvraient l'abîme ; et je croyais à l'union des œuvres et de la foi. Cela ne semblerait pas bon que dix aînés soient envoyés dans les îles par Charles C. Rich, l'un des douze apôtres, pour prêcher et agir selon l'Esprit et les circonstances. recevez-nous, faites demi-tour et rentrez chez vous, et laissez toute une nation croupir dans l'ignorance, parce qu'il ne nous a pas dit que nous devions leur prêcher dans leur propre langue. J'ai été amené à dire bien davantage sur ce point, qu'il n'est pas nécessaire de répéter ici.

Frère Rich avait dit à frère Whittle qu'il pourrait rentrer chez lui après avoir accompli une courte mission. Le président de la mission avait fait toute la prédication lors des réunions qu'ils avaient tenues et ne lui avait même pas donné l'occasion de rendre son témoignage. Sa position avait été et était toujours désagréable ; et il ne voyait aucun moyen d'y remédier. S'il pouvait faire quelque chose de bien, il était prêt à rester ; mais il pensait que, dans sa situation, cela ne servait à rien.

Frère Willam Farrer, l'un des anciens qui travaillaient à Kauai, décida de ne pas rentrer chez lui, mais de s'arrêter et de se consacrer à l'acquisition de la langue. Son partenaire, cependant, ne s'arrêterait pas. Il était déterminé à revenir. Etant une connaissance intime, j'en parlais librement avec lui. Il rentrerait chez lui, disait-il, et partirait volontiers en mission en Europe, s'il était nommé ; mais il ne pouvait y travailler avec aucun plaisir. En outre, c'était un vieux célibataire, ajoutait-il, et il devrait être marié, pour qu'il rentre chez lui et lui prenne une femme. Il est rentré chez lui ; mais, le pauvre garçon, il n'a jamais eu de femme. Quelque temps après son retour, lui et d'autres frères quittèrent la ville pour aller chercher du bois à Parley's Park. À leur retour, ils tombèrent dans une embuscade tendue par des Indiens et il fut tué.

Je me suis souvent demandé, après avoir appris son décès, n'aurait-il pas été préférable pour lui de rester ? Car s'il l'avait fait, je crois qu'il serait encore en vie.

Chapitre 6

Je retourne à Maui - Nous recevons la visite du président de la mission, qui décide d'aller aux îles Marquises - Ne sommes pas amenés à l'accompagner - "Poi", sa préparation et ses particularités

Les progrès que j'avais réalisés dans l'apprentissage de la langue ont surpris les anciens d'Honolulu. J'ai pu converser assez bien avec les indigènes et comprendre ce qu'ils disaient. Lorsqu'ils apprirent comment le Seigneur nous avait ouvert la voie et nous avait aidés à acquérir la langue, ils pensèrent qu'il serait peut-être sage pour moi de continuer mon travail là-bas, au lieu de déménager à Honolulu. Telle fut la décision du président, après concertation.

J'ai été très heureux du privilège de retourner à Maui ; car, à mon avis, les perspectives d'accomplir une grande quantité de bien n'étaient alors pas très brillantes à Honolulu.

William Farrer a navigué avec moi jusqu'à Maui, pour devenir partenaire d'Henry W. Bigler .

Nous étions à peine arrivés à Lahaina que Hiram Blackwell nous a appelé depuis l'île d'Hawaï, où il se trouvait avec James Hawkins. Il était en route pour Honolulu et comptait, si cela n'était pas contraire aux conseils, rentrer chez lui. Il était découragé d'essayer d'apprendre la langue et de prêcher aux indigènes. Il atteignit Honolulu à temps pour revenir avec les autres Anciens.

À ce stade, je peux anticiper l'ordre de mon récit en déclarant que James Hawkins, le partenaire de frère Blackwell, est resté à Hawaï pendant un certain temps, s'efforçant d'acquérir la langue et de proclamer l'Évangile au peuple. Il est ensuite venu à Maui et y a travaillé, et a rempli une bonne mission avant de rentrer chez lui.

Environ trois semaines après mon retour d'Honolulu, nous avons eu la surprise de recevoir la visite du président de la mission. Il avait décidé de quitter les îles Sandwich et de se rendre aux îles Marquises ; car il pensait qu'il y avait là un meilleur champ.

Ces dernières îles, à 30° au sud de l'endroit où nous nous trouvions alors, sont habitées par une race de peuples dont la langue est très semblable à celle parlée par les indigènes des îles Sandwich. Ils sont probablement les descendants d'une souche commune. Mais ils sont naturellement plus féroces et sauvages que les insulaires Sandwich. On dit de quelques-uns d'entre eux que, lorsqu'ils font la guerre, ils n'ont aucune objection à manger un morceau d'homme rôti ; en fait, ils apprécient plutôt un tel repas à de telles heures, car ils pensent que cela les rend courageux.

La principale motivation de notre président en venant nous voir était de nous faire accompagner. Si les perspectives n'étaient pas meilleures à Maui que sur l'île où il était allé, il pensait que nous devrions l'accompagner. Ce n'est pas par crainte que les gens du groupe des Marquises nous mangent, que nous n'avons pas accepté sa proposition ; mais parce que nous n'en voyions pas l'opportunité.

Notre position, à ce moment-là, était particulière. Voici notre président, l'homme qui avait été nommé pour nous conseiller et nous guider, nous proposant de quitter le champ pour lequel nous avions été nommés et de faire un voyage de plusieurs centaines de milles vers un autre pays pour travailler. Que devions-nous faire ? Jusqu'où l'obéissance que nous lui devions nous imposait-elle d'aller ? C'était une question importante. Désobéir à un homme dans l'exercice légitime de son autorité était un acte devant lequel nous reculions naturellement ; et un acte aussi dont nous n'étions nullement disposés à nous rendre coupables. Mais nous avons estimé que ce ne serait pas une bonne chose pour nous de quitter cette île à ce moment-là.

Nous n'avions pas fait grand-chose pour avertir les gens, ni pour accomplir notre mission, et pourquoi les abandonner alors, pas plus que le premier jour de notre débarquement ? Nous n'avions pas été désignés par l'autorité qui nous avait appelés, lui et nous, pour nous rendre aux îles Marquises ; nous ne connaissions aucune ouverture là-bas, ni aucune raison pour laquelle nous devrions y aller de préférence à tout autre endroit sur la terre. Si nous avons suivi notre président là-bas, parce qu'il nous a dit de venir avec lui, et que nous ne trouvions aucune ouverture pour prêcher l'Évangile, pourquoi ne pas le suivre dans un autre pays s'il nous le demandait ?

Heureusement, nous étions soulagés de la nécessité de refuser de nous conformer à ses conseils. Il sentait bien que sa proposition ne nous paraissait pas favorable. Il n'avait pas passé beaucoup d'heures avec nous avant de s'en rendre compte ; et il nous a dit qu'il vaudrait probablement mieux que nous restions là où nous étions jusqu'à ce que nous ayons donné à ces gens un procès équitable ; et puis, si nous ne pouvions rien faire, nous pourrions le suivre, comme il comptait nous écrire sur son succès. La première fois que nous avons entendu parler de lui, il avait dérivé jusqu'à Tahiti, dans les îles de la Société, où travaillaient alors certains de nos aînés. Mais sa mission ne lui était d'aucune utilité.

Lorsqu'un Ancien a l'esprit de sa mission, il ne peut être satisfait que s'il proclame au peuple le message qui lui est confié. Entourez-le de tout le réconfort que son cœur peut désirer, et s'il a cet esprit, il aura toujours hâte d'aller parmi le peuple, même s'il sait qu'il rencontrera des privations et des persécutions. C'était mon sentiment avant la visite du président de la mission, et après son départ, mon anxiété augmenta, et je dis aux frères que je devais pousser parmi les indigènes ; et je commencerai à leur prêcher du mieux que je pourrais. J'avais fait de très bons progrès dans la langue et je me sentais capable d'expliquer en partie les premiers principes de l'Évangile.

Environ une semaine après la visite du président, je partis, avec l'intention, si je n'avais pas de possibilité, de faire le tour de l'île. Mais le Seigneur m'avait révélé que je trouverais un peuple prêt à recevoir la vérité ; et j'ai commencé comme le ferait un homme qui va rencontrer ses amis. Même si je ne les avais jamais vus en chair et en os, je savais que lorsque je les rencontrerais, ils ne me seraient pas étrangers.

Empruntant la valise de frère Bigler , qu'il avait lui-même portée plusieurs jours lors d'une mission aux États-Unis, je commençai, me sentant aussi fier du privilège de la balancer sur mon épaule qu'aucun chevalier ne l'était jamais à la porter, pour la première fois : ses éperons d'or.

Le grand désir de mon cœur depuis mon enfance était d'avoir la prêtrise et le privilège de prêcher l'Évangile. Ce désir était maintenant sur le point d'être satisfait, et bien que j'étais timide et très timide, je sentais que Dieu me porterait sain et sauf.

Les frères m'ont accompagné sur environ quatre miles sur mon chemin. Nous étions loin de tous nos amis et étions étrangers dans un pays étranger ; notre séparation fut donc, comme on pouvait s'y attendre, douloureuse. Ils restèrent pour poursuivre leur étude de la langue.

Il m'était évident que l'ange du Seigneur était avec moi ; car partout où je m'arrêtais, j'étais reçu avec beaucoup de bonté, et le meilleur des gens était à mon service.

La nourriture principale des indigènes des îles Sandwich est appelée *poi* . Ceci est fait à partir d'une racine qu'ils appellent *kalo* . Les parcelles « Kalo » sont faites de telle sorte qu'elles peuvent être inondées d'eau ; et le sol ne doit jamais être découvert. En plantant cette racine, ils n'utilisent pas de graines. Lorsqu'un indigène cueille le « kalo », il le transporte chez lui, où il en coupe les cimes. Ceux-ci sont soigneusement sauvegardés, regroupés en un paquet et ramenés au patch. Il enfonce ces cimes dans la boue à une distance appropriée les unes des autres, et au bout d'environ onze mois il obtient une autre récolte de « kalo ». C'est le processus de cueillette et de plantation.

Le « kalo » présente une certaine ressemblance, par ses feuilles et son goût, avec les navets sauvages de l'Inde, mais sa racine est beaucoup plus grosse ; pas tout à fait la forme d'un navet apprivoisé, mais aussi gros qu'un navet de taille moyenne. Il existe une variété appelée « kalo des terres arides ». Il n'est pas aussi largement cultivé que l'autre espèce et n'est pas considéré comme aussi bon à manger.

Près de chaque maison il y a un trou circulaire. Lorsque le « kalo » doit être cuit, un feu y est allumé et une quantité de petites roches volcaniques sont empilées dessus. Au fur et à mesure que le feu brûle, ces éléments coulent au fond et se répandent sur le fond et sur les côtés de la fosse. Les racines du « kalo » sont ensuite déposées, des nattes sont étalées dessus, puis de la terre, jusqu'à les recouvrir entièrement, à l'exception d'un petit trou au sommet , dans lequel on verse de l'eau. Ce trou est alors bouché et la cuisson commence.

« Mais comment cuisinent-ils ? tu peux demander.

Lorsqu'on y verse l'eau, les roches, étant chaudes, la transforment promptement en vapeur, et, comme elle ne peut s'échapper, elle cuit les racines.

J'ai vu de gros porcs cuits de cette façon, et la viande est plus sucrée cuite de cette façon que par toute autre méthode que je connais. Les hommes autochtones des îles font toute la cuisine.

Lorsque le « kalo » est resté assez longtemps pour cuire, on le découvre ; la peau est lavée et pilée avec un pilon en pierre sur une grande plaque de bois plate, jusqu'à ce qu'elle ressemble à une masse de pâte. Ensuite, il est mis dans une calebasse ou une gourde, et le lendemain la fermentation a commencé ; ou, comme nous dirions s'il s'agissait de pain, il a « levé ». De l'eau y est ensuite ajoutée et elle est mélangée jusqu'à ce qu'elle soit un peu plus fine que ce que nous faisons habituellement en bouillie. Il y a un petit goût amer le premier jour. Mais les indigènes n'en mangent jamais à cette époque, à moins qu'ils n'aient pas d'autre nourriture. Ils l'aiment mieux quand il est assez acide. C'est ce qu'ils appellent « poi », et selon eux, il n'existe aucun autre aliment qui puisse l'égaler.

Leur façon habituelle de manger mérite d'être remarquée. Une grande calebasse de « poi » est posée sur les nattes ; autour de cela, la famille s'assoit.

Dans les familles où l'on prétend à la propreté, on fait passer une petite calebasse d'eau et chacun se rince les doigts avant de commencer à manger.

Pour éloigner les mouches, un garçon ou une fille agite un *kahili* , fabriqué en attachant des plumes à un bâton long et mince.

En mangeant, ils plongent leurs deux premiers doigts dans la calebasse, les chargent de « poi » et les passent dans leur bouche. La succion des doigts, l'enthousiasme avec lequel ils mangent et la conversation incessante mêlée de rires qu'ils entretiennent amèneraient un passant à conclure qu'ils apprécient leur nourriture. Et ils le font. Si le « poi » est bon et qu'ils ont beaucoup de poisson ou de viande à manger avec, ils ont un grand plaisir à manger. On pense aux hommes blancs qui mangent ensemble sans converser, à des êtres très peu sociaux. Ils ont l'idée que le fait d'avoir une conversation agréable et animée en mangeant contribue à la santé et au plaisir de la nourriture.

Avant de quitter Lahaina, j'avais goûté une cuillère à café de « poi » ; mais son odeur et celle de la calebasse dans laquelle il était contenu ressemblait tellement à celle du vieux pot de pâte aigre d'un relieur que lorsque je le portais à ma bouche, j'en avais un haut-le-cœur et j'aurais vomi si je l'avais avalé. il. Mais en voyageant parmi les gens, j'appris bientôt que si je ne mangeais pas de « poi », je leur causerais de grands ennuis ; car ils devraient me préparer des aliments séparés à chaque repas. Cela me rendrait un fardeau pour eux et pourrait nuire à ma réussite. J'ai donc décidé d'apprendre à vivre de leur nourriture et , pour y parvenir, j'ai demandé au Seigneur de me la rendre douce. Ma prière a été entendue et exaucée ; la prochaine fois que je l'ai goûté, j'en ai mangé un bol et je l'ai vraiment aimé. C'était ma nourriture, chaque fois que je pouvais en obtenir à partir de cette époque, tant que je restais sur les îles.

Cela peut paraître étrange, mais il est vrai que je me suis assis à une table sur laquelle était posé du pain, et bien que je n'en ai pas goûté depuis des mois, j'ai préféré le « poi » au pain ; c'était plus doux pour moi que n'importe quel aliment que j'avais jamais mangé.

Chapitre 7

Commencez une visite autour de l'île - Arrivée à Wailuku - D'une manière remarquable Faites la connaissance de JH Napela

C'est pendant une saison très humide que j'ai annoncé aux gens que je faisais le tour de l'île. Ils pensèrent que c'était une grande entreprise et essayèrent de me persuader de ne pas y aller. J'avais évidemment leurs sympathies; J'avais l'air d'un garçon et ils m'appelaient un *keiki* , ce qui signifie littéralement « un enfant » dans leur langue.

Plusieurs fois, pendant mon voyage, ils me prenaient ma valise et la portaient ; et quand j'arrivais à un cours d'eau, ils me poussaient dessus.

J'ai traversé un certain nombre de villages, traversé un pays très accidenté et vallonné, et j'ai atteint tard dans la nuit la ville de Wailuku.

Jusqu'à présent, même si j'avais été traité avec beaucoup de bonté, je n'avais pas rencontré les personnes dont j'avais été amené à espérer, par les manifestations de l'Esprit, qu'elles recevraient mon témoignage.

La partie principale de la ville de Wailuku se trouvait de l'autre côté d'un ruisseau, en essayant de le traverser, je me suis mouillé.

Il y avait quelques missionnaires qui vivaient ici, et en traversant la ville, j'espérais avoir l'occasion de les rencontrer ; car jusqu'ici je m'étais donné pour règle de ne pas passer devant un missionnaire sans lui rendre témoignage de ma mission. Mais j'étais poussiéreux et épuisé par le travail, et j'éprouvais une certaine hésitation à me présenter.

A ce moment-là, j'étais en partie parvenu à la conclusion que, le temps étant si défavorable, je retournerais à Lahaina ; et en passant par Wailuku, je pris une route qui me semblait conduire dans cette direction. A peine avais-je quitté la ville que je me sentis poussé à revenir, l'Esprit me disant que si je le faisais, j'aurais l'occasion d'être présenté au missionnaire qui y résidait.

Alors que je passais devant le cimetière, deux femmes à moitié blanches sont sorties d'une maison voisine et quand elles m'ont vu, elles ont appelé des hommes qui étaient dans la maison : *« E ka haolé ! »* ce qui signifie : « Oh, l'homme blanc ! » Ils répétèrent cela deux ou trois fois, en appelant en même temps l'un des hommes par son nom.

Alors que je marchais vers la palissade, trois hommes sont sortis de la maison et se sont dirigés vers le portail. Quand je me trouvais en face d'eux, je les saluais et j'étais salué par eux en retour.

Je n'avais fait que quelques pas lorsque le chef des hommes me demanda où j'allais. Je leur ai dit que je pensais retourner à Lahaina, à cause de la météo. Il a dit que comme c'était samedi, je ferais mieux de m'arrêter jusqu'à lundi avec lui.

Il m'a demandé qui et ce que j'étais, et lorsque je l'en ai informé, son désir de me faire rester s'est accru. Je suis entré dans la maison avec lui et, après une petite conversation, et une invitation à manger, qu'il m'a offerte. Il nous proposa de monter voir le missionnaire.

C'était ce que je voulais et j'ai accepté sa proposition avec plaisir.

Le nom du missionnaire était Condé ; il était originaire du Connecticut et avait été envoyé par le Conseil américain des missions étrangères.

Nous avons eu une conversation très agréable, au cours de laquelle il a fait de nombreuses questions concernant l'Utah, mon objectif en venant dans les îles et notre croyance. Il a dit qu'il ne pouvait rien croire à la révélation moderne ; mais j'ai exprimé le souhait de lire certains de nos ouvrages.

Je lui ai prêté la *Voix d'Avertissement*, même si j'avais peu d'espoir qu'elle ait un quelconque effet sur lui, car il avait condamné les doctrines avant de les avoir entendues ou lues.

Dès que j'entrai dans la maison de cet indigène et que je le vis avec ses deux amis, je fus convaincu d'avoir rencontré les hommes que je cherchais.

L'homme qui possédait la maison était un juge et un homme de premier plan dans cette section. Son nom était Jonatana H. Napela . C'est lui qui visita Salt Lake City en 1866, en compagnie de George Nebeker . Les noms de ses compagnons étaient Uaua et Kaleohano . Ils ont ensuite été tous les trois baptisés et ordonnés anciens, Napela est depuis mort dans la foi et les autres sont toujours membres de l'Église.

Ils étaient diplômés des écoles secondaires du pays, d'excellents orateurs et raisonneurs , et étaient des hommes de réputation et d'influence dans la communauté.

Napela était très désireuse de connaître ma croyance et la mesure dans laquelle nos doctrines différaient de celles enseignées par les missionnaires parmi eux. Je lui expliquai du mieux que je pus nos principes, dont il parut très satisfait. Mais le lendemain, après le service dans leur église, M. Condé a réuni Napela et un certain nombre d'hommes dirigeants et a essayé d'empoisonner leurs esprits contre nos doctrines, en racontant toutes sortes de mensonges sur le prophète Joseph et le peuple de l'Utah.

Je l'appris au souper par les questions que Napela et plusieurs de ses amis qui étaient présents me firent. Leurs questions étaient de nature à me prouver que quelqu'un leur avait menti. J'ai appris par la suite que c'était l'œuvre du missionnaire.

L' Esprit reposait puissamment sur moi et je leur dis que j'avais la vérité, et je les suppliai, comme ils valorisaient leur âme, de ne pas la rejeter jusqu'à ce qu'ils puissent la comprendre par eux-mêmes ; que je serais bientôt capable de leur expliquer pleinement ; que les principes étaient contenus dans la Bible et étaient la vérité éternelle. Ils furent émus jusqu'aux larmes et me promirent qu'ils ne décideraient pas que nos principes étaient faux avant d'avoir eu l'occasion de juger par eux-mêmes ; promesse, je suis heureux de le dire, la plupart d'entre eux ont tenu, et j'ai eu le plaisir de les baptiser dans l'Église.

Je tiens particulièrement à mentionner cette circonstance pour montrer aux garçons qui liront cet ouvrage que, lorsqu'ils partent en mission et qu'ils s'acquittent de leur devoir, c'est leur privilège d'avoir des révélations du Seigneur pour les guider dans toutes leurs tâches. pas. J'étais amené à espérer, avant de quitter Lahaina, que je trouverais ceux qui me recevraient. Jusqu'à mon arrivée à Wailuku, je ne les avais pas trouvés, puis quand j'ai jugé préférable de repartir par une autre route et en passant par d'autres villages jusqu'à Lahaina, on m'a dit que si je revenais à Wailuku, je devrais obtenir mon désir d'avoir un entretien avec le missionnaire.

Les femmes à moitié blanches qui m'ont vu étaient l'épouse de Napela et sa sœur. Il y avait quelque chose de très remarquable dans leurs cris lorsqu'ils me voyaient, ainsi qu'à ses compagnons de la maison. Ils rencontraient très fréquemment des Blancs, et il n'y avait rien d'étrange à ce qu'ils passent comme moi. Cela a été souvent évoqué dans les conversations que nous avons eues par la suite, et ils se demandaient pourquoi ils auraient dû le faire. Je sais que c'était l'œuvre du Seigneur ; car s'ils ne m'avaient pas appelé, je serais passé inaperçu et je les aurais manqués. À mes yeux, la main du Seigneur était clairement visible dans tout cela, et je l'ai remercié pour sa miséricorde et sa bonté.

Chapitre 8

Le métier d'un missionnaire en danger—Il prêche contre nous et contre nos doctrines, et abuse de nos amis—Ses remarques sont cependant rejetées pour notre bien—La promesse du Seigneur s'accomplit—Je vais à Kula

Le lundi matin, je suis retourné à Lahaina et j'ai reçu un accueil chaleureux de la part des frères. Ils furent très intéressés par le récit des incidents de mon voyage. Mais à partir de ce moment-là, je n'y restai que peu de temps. Même si j'aimais la société des Anciens, je ne pouvais pas m'y contenter, car je sentais que je devais être parmi les indigènes, essayant de leur enseigner les principes de l'Évangile, et il semblait y avoir une meilleure ouverture pour ce travail. ailleurs qu'à Lahaina.

Comme il n'y avait aucun des aînés sur l'île d'Oahu, il fut décidé que les aînés Bigler et Farrer devraient s'y rendre plutôt que sur l'île de Molokai. Lorsqu'ils ont navigué vers cette île, ce qu'ils ont fait en quelques semaines, frère James Keeler s'est retrouvé seul, sans personne avec qui converser en anglais, à moins qu'il ne rencontre occasionnellement un homme blanc. Cela lui a donné une meilleure occasion d'acquérir la langue que lorsque nous étions tous là. Après quelques semaines, il fut également amené à partir de là et à parcourir l'île jusqu'à ce qu'il trouve un peuple disposé à le recevoir et à suivre les principes qu'il enseignait.

Lorsque le missionnaire presbytérien de Wailuku vit que j'étais revenu là-bas, il fut mécontent. Il a utilisé toute son influence contre moi au sein de sa congrégation et, un dimanche, il est sorti en public et a prononcé un discours des plus abusifs contre le prophète Joseph et nos principes, dans lequel il a donné une déclaration entièrement fausse sur la cause de sa mort, et aussi j'ai mis le peuple en garde contre moi.

Il se trouve que j'étais présent lorsque ce sermon a été prononcé. En l'écoutant, diverses émotions m'ont agité. Mon premier réflexe fut de sauter sur l'un des sièges dès qu'il eut franchi le pas et de dire aux gens qu'il leur avait raconté tout un tas de mensonges. Mais je pensais que cela produirait de la confusion et n'aboutirait à rien de bon. Une fois les services terminés, je me suis dirigé vers la chaire où il se tenait. Il savait combien de temps nous étions dans les îles et, je crois, n'avait aucune idée que je pouvais comprendre ce qu'il avait dit ; Quand il m'a vu, son visage est devenu pâle, et il m'a semblé comme un homme surpris en train de commettre un acte mesquin et bas.

Je lui ai dit que je voulais lui donner des informations exactes sur les choses qu'il avait dites aux gens ce matin-là, afin qu'il puisse ôter l'effet des mensonges qu'il leur avait répétés ; car, dis-je, c'étaient de vils mensonges, et j'en étais un témoin vivant.

Il a dit qu'il ne croyait pas qu'il s'agissait de mensonges et qu'il ne devait pas dire aux gens quelque chose de différent de ce qu'il avait dit ; il croyait avoir fait son devoir, et si le peuple avait été mis en garde de son temps contre Mahomet, il n'aurait pas eu autant de disciples.

Je lui ai rendu un témoignage solennel concernant le prophète Joseph et la vérité de l'œuvre, et j'ai dit que je serais témoin contre lui au tribunal de Dieu, pour avoir dit à ces gens mentir et pour avoir refusé de leur dire la vérité. quand on le lui avait montré.

On en dit beaucoup plus, car notre conversation dura environ une demi-heure et, tandis que nous parlions, de nombreux membres de la congrégation, dont certains comprenaient l'anglais, se pressaient autour.

C'était le premier événement de ce genre dans lequel je jouais personnellement un rôle important dans mon expérience, et il avait à mes yeux une importance qu'il n'aurait guère s'il se produisait aujourd'hui. L'un de ceux qui ont écouté et compris cette conversation était un beau-frère de Napela , un demi-blanc, juge de circonscription et un homme important de cette île. Il a rendu compte de la conversation qui m'a été très favorable, et dans l'ensemble je pense que le sermon du missionnaire a fait du bien . Il l'a destiné au mal; mais le Seigneur l'a annulé, comme il le fait pour tous les complots et tous les actes des méchants, pour l'avancement de ses desseins.

Le Seigneur m'a donné faveur aux yeux des indigènes, et j'ai eu leur sympathie, bien qu'ils n'osent pas l'avouer, par crainte des conséquences.

Une autre raison pour laquelle le sermon n'a pas eu un si bon effet était les allusions du prédicateur à Napela . Il l'avait appelé par son nom, comme étant l'homme chez qui je m'étais arrêté et l'avais dénoncé. Ceci, bien sûr, n'était pas de bon goût pour les parents et amis de Napela , dont beaucoup étaient présents. Ainsi, cet homme, qui luttait ainsi contre l'œuvre de Dieu, ne prospéra pas comme il l'espérait, ni à ce moment-là ni par la suite.

Le Seigneur a dit dans l'une des révélations à ses serviteurs :

> « En vérité, ainsi vous dit l'Éternel, aucune arme formée contre vous ne prospérera ; et si quelqu'un élève la voix contre toi, il sera confondu au moment que je fixerai.

J'ai trouvé que chaque mot de ceci était vrai.

Napela n'était pas effrayée par ce que disait le missionnaire. Il fut menacé d'être démis de ses fonctions de juge et d'être retranché de leur église ; mais il ne manifesta aucune disposition à me faire quitter sa maison.

Cependant, la pression est finalement devenue si forte grâce aux efforts continus du prédicateur, que j'ai pensé qu'il serait plus sage pour moi de me retirer de Wailuku pendant un certain temps . J'ai eu de la compassion pour Napela , car il avait une forte opposition à affronter, et je pensais que si j'allais ailleurs, la persécution ne serait pas si grave.

Il y avait un endroit appelé *Kula* (ce qui signifie un pays près du pied d'une montagne) où se trouvaient quelques villages dispersés, à environ dix-huit milles de Wailuku, vers lequel on me conduisit. C'était un endroit plutôt isolé, même si, juste avant mon arrivée, il y avait un commerce dynamique de pommes de terre irlandaises, qui poussaient spontanément dans cette région ; les gens les transportaient dans des charrettes, de là jusqu'à un petit port non loin de là. Ces pommes de terre étaient transportées sur des goélettes jusqu'en Californie pour approvisionner les chercheurs d'or. Mais ils étaient de mauvaise qualité et lorsque les agriculteurs de Californie commencèrent à les élever, le commerce cessa. Les affaires avaient commencé à décliner lorsque je suis arrivé là-bas.

Je m'arrêtai chez un homme du nom de Pake , qui avait la charge des affaires de Napela à Kula, et à qui il m'avait remis une lettre d'introduction lorsqu'il apprit que j'avais décidé de m'y rendre. Il m'a reçu très gentiment, ainsi qu'un homme du nom de Maiola , que j'avais rencontré à Wailuku. Il était diacre dans l' église presbytérienne .

Chapitre 9

Une autre attaque d'un missionnaire – Un courage toujours admiré dans la défense de la vérité – La pauvreté du peuple

Kula, le quartier où j'étais allé vivre, était visité environ une fois tous les trois mois par le missionnaire presbytérien qui en avait la charge. Le dimanche après mon arrivée, c'était son jour pour faire sa visite trimestrielle, et je descendis au village où il devait tenir sa réunion. Son nom était Green, et lui et moi nous étions rencontrés quelques semaines auparavant et avions eu une conversation au cours de laquelle il était devenu très en colère et avait dit qu'il me maudirait.

Il y avait une grande assistance d'indigènes à cette réunion, et il prit pour texte le verset 8 [du] premier chapitre de l'épître de Paul aux Galates :

> "Mais si nous, ou un ange du ciel, vous prêchons un autre évangile que celui que nous vous avons prêché, qu'il soit maudit."

Tout son sermon, ainsi que sa prière antérieure, étaient dirigés contre nous, mettant en garde les indigènes contre nous ; mais le sermon était la tentative la plus pauvre et la plus enfantine que j'aie jamais entendue pour montrer ce qu'était l'Évangile du Christ.

Après qu'il eut fini, je me levai et dis aux gens qu'il valait mieux examiner attentivement l'Évangile et voir quelle était sa nature et ses exigences, et aussi que chacun sache s'il était en sa possession ou non. J'ai alors commencé à leur montrer ce qu'était l'Évangile.

Jusqu'à présent, M. Green était resté, semble-t-il, étonné de mon audace. Le fait qu'une personne surgisse au cours d'une réunion et remette en question ce qu'elle avait dit, ou tente d'enseigner quelque chose de différent, était nouveau dans son expérience, et il semblait si étonné qu'il ne pouvait pas parler. Mais quand il vit que j'avais l'attention des gens et qu'ils écoutaient ce que je disais, il se réveilla, ouvrit un catéchisme qu'il appela *Aio. ka la* , ou « Nourriture du jour », et a commencé à poser des questions aux gens. Il était déterminé à m'interrompre et à détourner l'esprit des gens de ce que je disais. Certains de ses diacres l'ont aidé ; ils répondirent à ses questions à voix haute, et la confusion commença à régner.

J'ai vu qu'aucun bien supplémentaire ne pouvait être fait à ce moment-là, alors j'ai dit à la congrégation que j'avais l'intention de tenir des réunions et que j'aurais l'occasion de leur expliquer plus en détail les principes de l'Évangile, et je me suis arrêté.

Il a averti le peuple de ne pas me divertir ni de me saluer ; s'ils le faisaient, ils participeraient à mes mauvaises actions.

A cela, je fis une réponse convenable et me retirai.

À partir de ce moment, j'ai commencé à travailler d'une manière plus publique parmi le peuple, parlant dans leurs lieux de réunion autant que j'en avais l'occasion, et faisant tout ce qui était en mon pouvoir pour leur faire connaître nos principes.

Mon discours devant M. Green a eu un bon effet ; les gens ont vu que je prêchais les doctrines de la Bible et que je n'avais pas peur de rencontrer les prédicateurs ; l'effet moral de cette audace sur un peuple simple comme eux, je le trouvai excellent.

Et permettez-moi de dire ici que le courage de préconiser et de défendre la vérité, lorsqu'il est tempéré par la sagesse, est une qualité que les hommes admirent toujours. La peur de l'homme et la peur de dire la partie de la vérité qu'il est envoyé pour déclarer sont des sentiments auxquels aucun ancien ne devrait jamais se livrer. L'homme qui laisse cette peur l'emporter sur lui ne réussit jamais. La crainte de Dieu et la peur de faire le mal sont la seule peur qu'un saint des derniers jours devrait ressentir.

Ma formation au cours des deux premières années de notre établissement de Salt Lake Valley, lorsque nous étions à court de nourriture, m'a été d'un excellent service pendant les jours dont j'écris. J'aurais dû penser au maigre régime alimentaire que nous avions dans la vallée, à la vie riche si je l'avais eu alors.

Les gens étaient très pauvres et je ne voulais en aucun cas être un fardeau pour eux. J'évitais donc de manger tout ce que je pensais qu'ils appréciaient ou qu'ils ne mangeaient qu'occasionnellement. Je vous ai dit que les pommes de terre y poussaient spontanément ; mais le pays était trop chaud pour eux ; ceci, ajouté au manque de culture, les rendait très pauvres. La pomme de terre, lorsqu'elle était bonne, n'était pas un légume que j'aimais beaucoup. Mais là, je ne pouvais rien trouver d'autre, à l'exception des myrtilles, qui poussaient à l'état sauvage, et que je cueillais et mangeais fréquemment, jusqu'au jour où elles me rendirent malade, après quoi je ne pus plus les manger .

J'aurais peut-être mieux mangé les pommes de terre si j'avais pu manger du sel avec elles ; mais cet article, ils n'en parlaient plus à ce moment-là. La seule chose mangeable à part les pommes de terre était la mélasse. Depuis, je n'ai jamais aimé manger des pommes de terre et de la mélasse ensemble.

Je me souviens très bien de la façon dont j'ai apprécié un repas de « poi » à une occasion pendant cette période. Le « kalo » avec lequel il était fabriqué

avait été cuit et pilé à quelque distance de là (le « kalo » ne poussait pas à
cette époque dans la partie de la Kula où j'étais), et emballé dans les feuilles
d'un arbuste. appelé *ki* ; une fois ainsi emballé, il s'appelait *pai Kalo* . Il faisait
chaud une fois emballé, ce qui, avec la chaleur du temps, l'avait rendu aigre
et asticot. Mais les gens l'avaient refait et transformé en « poi ».

Mon régime de pommes de terre et de mélasse m'avait enlevé toute rigueur
quant à ce que je mangeais, et je pensais que ce « poi » était la nourriture la
plus sucrée que j'aie jamais goûtée. Certaines personnes mangent du
fromage asticot parce qu'elles l'aiment ; J'ai mangé ce « poi » parce que
c'était la nourriture la meilleure et la plus savoureuse que j'avais goûtée
depuis des semaines.

Mais ce qui me manquait en nourriture, le Seigneur m'a compensé dans la
grande mesure de son Esprit qu'il m'a accordé. Ce que je devais manger
m'était indifférent. J'étais heureux et je me réjouissais comme je ne l'avais
jamais fait auparavant. Des rêves, des visions et des révélations m'ont été
donnés, et la communion de l'Esprit a été des plus douces et délicieuses.

J'ai alors appris une leçon qui, j'espère, ne sera jamais oubliée : qu'il existe
un bonheur que les serviteurs et les saints de Dieu peuvent avoir, qui n'est
pas terrestre et dont l'existence ne dépend pas du tout de la possession de
nourriture. , vêtements ou toute chose terrestre.

Chapitre 10

Réunions réussies — Nos principes reçoivent une grande attention —
Elder Keeler et moi-même allons à Keanae et avons un succès remarquable
en ajoutant des membres à l'Église

Une nouvelle maison indigène ayant été achevée par les hommes de M.
Napela , elle m'a été offerte comme maison de réunion. Le dimanche, les
voisins se sont réunis et nous avons eu deux réunions, une dans la matinée
et une dans l'après-midi, au cours desquelles j'ai parlé des principes de
l'Évangile et de leur restauration à l'homme sur la terre, avec l'autorité de
les enseigner. Mon témoignage et mes paroles ont été accueillis
favorablement par le peuple, qui souhaitait que je continue à tenir des
réunions.

C'était une période chargée et je n'ai pu tenir qu'une seule réunion par
semaine. Mais le dimanche suivant, j'ai passé un excellent moment. Cinq
furent baptisés et confirmés, et l'esprit fut puissamment répandu sur toutes
les personnes présentes ; beaucoup ont été poussés au repentir, leurs cœurs
ont été touchés et les larmes ont coulé sur leurs joues. Frère James Keeler,
qui faisait escale à Lahaina, était avec moi ce jour-là, il y était arrivé la veille.
Notre joie était très grande et je pensais que c'était l'un des plus beaux jours
de ma vie.

Nous avons tenu des réunions pendant la semaine et le dimanche j'ai
baptisé et confirmé six personnes.

C'est dans une grande faiblesse que je travaillais au ministère ; mais j'ai
commencé à goûter une joie que je n'avais jamais connue auparavant, et
mon cœur était rempli de louanges et de gratitude envers le Seigneur de
m'avoir jugé digne de recevoir la Prêtrise et de partir en mission.

Dix-neuf personnes s'étaient jointes à l'Église de Kula, et je me suis senti
poussé par l'Esprit à aller ailleurs et à ouvrir d'autres lieux où annoncer la
parole aux gens.

La nouvelle de ce qui se faisait à Kula — la nouvelle religion comme on
l'appelait — la nouvelle méthode de baptême — car jusqu'alors le peuple
avait été aspergé — et la doctrine, si étrange pour eux, selon laquelle Dieu
a encore parlé à l'homme, et envoya ses saints anges pour le servir, fut
bruyant, et beaucoup de gens commencèrent à ressentir une grande
curiosité d'entendre.

Bien que les indigènes des îles Sandwich aient appris à lire, que la Bible ait
été placée entre leurs mains et qu'ils aient été formés à considérer les
missionnaires sectaires comme leurs professeurs spirituels, la religion de
ces missionnaires ne les satisfaisait généralement pas. . Il n'y avait pas sur

le Dieu que les missionnaires adoraient le pouvoir qu'ils croyaient avoir sur les dieux de leurs pères. Les missionnaires leur enseignaient que Dieu ne se révélait plus aux hommes, que les prophéties, les miracles et les dons mentionnés dans la Bible avaient cessé.

Mais nous avons enseigné tout le contraire de tout cela. Nous leur avons dit que Dieu n'avait pas changé. Il était le même aujourd'hui qu'à l'époque où la Bible était écrite. Ses dons et ses bénédictions étaient destinés aux hommes d'aujourd'hui, tout comme ils l'étaient il y a dix-huit cents ans. L'homme avait perdu la foi et n'obéissait pas aux lois de Dieu. Par conséquent, il avait perdu la faveur des cieux et les dons et les bénédictions lui étaient refusés.

La Bible nous soutenait dans nos enseignements, et il y avait une cohérence dans nos doctrines qui plaisait aux honnêtes.

La plupart des indigènes des îles pensaient que la Bible voulait dire ce qu'elle disait ; ils n'avaient pas appris à penser que cela signifiait une chose quand cela en disait une autre. Mais après notre arrivée, les missionnaires sectaires se sont efforcés de leur apprendre que la parole de Dieu avait un sens caché et qu'elle n'était pas comme les autres langues - une tâche cependant qu'ils ont trouvée chez un peuple clair et simple comme les indigènes. très difficile.

Les missionnaires avaient une grande influence auprès des chefs et du gouvernement. Leur religion était en fait la religion d'État, bien que la loi ne le déclare pas ainsi ; il était populaire d'être membre de leur église, alors qu'il était impopulaire de ne pas y être lié.

Cela semblait une tâche formidable et désespérée que de tenter de prêcher l'Évangile à un peuple et à un gouvernement sur lesquels des prêtres sectaires avaient un contrôle si total. Mais nous savions que Dieu pouvait briser toutes les barrières et éliminer tous les obstacles. Nous lui avons fait confiance et nous n'avons pas été déçus.

J'ai été amené, comme je l'ai dit, à me préparer à aller travailler ailleurs, afin d'élargir la connaissance de l'Évangile. J'avais prévu de commencer un certain jour, mais j'ai été retenu. Ma détention fut providentielle, car ce jour-là arriva le frère James Keeler, accompagné d'un indigène, du nom de Namakaiona . Frère Keeler, après avoir quitté Kula, avait parcouru l'île jusqu'à atteindre un endroit appelé Keanae , où il s'est arrêté. Il avait lu les Écritures aux gens de cet endroit, et tout un intérêt avait été éveillé parmi eux, beaucoup étaient impatients d'entendre la prédication et de se faire baptiser. Il souhaitait que je vienne là-bas; ils lui avaient fourni un cheval pour venir me chercher et m'amener.

La route que nous avons parcourue une partie de la distance pour atteindre Keanae traversait un pays des plus romantiques. La végétation était des plus luxuriantes, les arbres étant d'une espèce nouvelle pour moi et très grandioses. Une telle richesse de végétation dont j'avais entendu parler, mais que je n'avais jamais vue auparavant ; et on ne le voit sur aucune terre en dehors des tropiques. Les arbustes et les fougères étaient d'une grande variété et poussaient avec une profusion presque infinie. Beaucoup d'arbres étaient des masses de verdure vivante, depuis la racine vers le haut, couvertes d'une multitude de vignes et de plantes grimpantes de diverses espèces.

La route était impraticable pour les voitures ou les chariots ; en fait, les cavaliers devaient descendre de cheval et conduire leurs chevaux à de nombreux endroits sur les collines, elles étaient si raides. Tout ce dont les habitants des villages de l'autre côté de l'île avaient besoin, ils le transportaient soit sur leur dos, soit en bateau. Pour moi, le voyage a été des plus romantiques, et je l'ai apprécié, d'autant plus que je comprenais maintenant la langue et que j'ai pu obtenir de nombreux éléments intéressants des indigènes avec lesquels nous avons voyagé et rencontrés, concernant le pays, son histoire et ses traditions. .

Notre arrivée à Keanae a suscité une grande émotion. Les gens nous guettaient et, nous voyant approcher de loin, s'étaient rassemblés à notre rencontre. Si nous avions été princes, ils n'auraient pas pu nous traiter avec plus de considération et d'honneur. Nous avons obtenu le lieu de réunion calviniste l'après-midi de notre arrivée, et il y avait une grande assistance pour entendre la prédication.

C'était un mercredi, et depuis ce moment jusqu'au lundi, nous avons constamment parlé, baptisé, confirmé et conseillé les gens. Durant cette période, il y eut plus de cent trente baptisés. L'Esprit du Seigneur s'est répandu avec puissance et tous se sont réjouis ; Je ne me suis jamais autant amusé de ma vie.

Quand je suis retourné à Kula, ce que j'ai fait mardi matin, je me suis senti très fatigué, avec la quantité de travail que j'avais accompli. Mon objectif en revenant alors était d'organiser les saints qui avaient été baptisés en une branche, afin que je puisse retourner à Keanae .

En organisant la branche de Kula, j'ai ordonné deux enseignants nommés Kaleohano et Maiola , et trois diacres, Pake , Kahiki et Mahoe .

Après deux semaines d'absence, je suis retourné à Keanae et nous avons organisé quatre branches de l'Église dans cette région. Nous avons seulement ordonné des enseignants et des diacres comme officiers, pensant qu'il était préférable de les laisser acquérir de l'expérience dans les devoirs de ces appels, avant de les ordonner à la Prêtrise de Melchisédek .

Chapitre 11

L'arrivée de nouveaux aînés – L' adversaire occupé parmi nos amis nouvellement convertis – Une scène de pêche

Pendant notre séjour à Keanae , nous avons été ravis de la nouvelle de l'arrivée de missionnaires de l'Utah ; et, après la conférence, frère Keeler et moi nous rendîmes à Lahaina pour les rencontrer. Il s'agissait des aînés Philip B. Lewis, Francis A. Hammond et John S. Woodbury ; les deux premiers avaient leurs femmes avec eux ; celui-ci, faute de moyens, avait laissé sa femme en Californie, et elle y revint peu après. Frère Lewis avait été nommé par Parley P. Pratt pour présider les îles.

J'étais tellement habitué à parler dans la langue des îles Sandwich qu'il m'était difficile de parler dans ma langue maternelle. Je me souviens bien combien il m'était difficile de prier en anglais, lorsque j'étais invité à le faire, dans le cercle familial, le soir après mon arrivée à Lahaina.

J'avais tellement hâte d'apprendre la langue que je ne lisais aucun livre en anglais à l'exception du Livre de Mormon et des Doctrine et Alliances, et je m'étais même entraîné à penser dans cette langue. Je l'ai fait afin de pouvoir le connaître parfaitement, car j'avais hâte de prêcher l'Évangile avec une extrême clarté au peuple.

Bien sûr, cela m'a demandé un effort pour m'entraîner ainsi ; mais j'étais payé pour tout cela, pour la maîtrise avec laquelle j'utilisais la langue. J'étais capable de le parler et de l'écrire avec plus de facilité et d'exactitude que ma langue maternelle.

L'adversaire ne chôme pas à Keanae . Nous avions très bien réussi à baptiser les gens. L'Esprit a été répandu et beaucoup de bien a été accompli ; mais à peine étions-nous allés à Lahaina, pour rencontrer les Anciens nouvellement arrivés, que l'ennemi commença ses opérations.

Après avoir passé quelques jours à Lahaina, je reviens à Kula et y reste peu de temps. Je me suis senti impressionné d'aller de là à Keanae . Certains frères indigènes voulaient que je m'arrête jusqu'à la fin de la semaine, et ils m'accompagneraient ; mais je ne pouvais pas m'arrêter, je sentais que j'étais nécessaire pour une cause quelconque à Keanae .

Mes impressions étaient correctes. Les habitants de Keanae étaient en grande difficulté. Ils avaient été assaillis par des ennemis de toutes parts, et ceux qui étaient faibles dans la foi étaient perplexes. Certains s'étaient détournés, ne pouvant résister à la pression. Le missionnaire presbytérien de ce district avait été là et avait fait tout ce qui était en son pouvoir pour noircir notre caractère, tourner en dérision nos doctrines et persuader le peuple d'abandonner l'Église. Deux Français, prêtres catholiques, étaient également présents et ils avaient fait tout ce qui était en leur pouvoir pour effrayer le peuple et lui faire découvrir la vérité. Un autre missionnaire presbytérien y avait envoyé un de ses prédicateurs indigènes dans le même but.

Il semblait que le diable avait mis toutes ses agences en action pour détruire l'œuvre de Dieu, et qu'ils racontaient tous les mensonges qui pouvaient être utilisés contre nous. Le prêtre français avait dit que nous devions être chassés de cet endroit et de l'île, et avait fait circuler de nombreux faux bruits à notre sujet. Le missionnaire presbytérien avait visité les maisons du peuple et y avait exercé toute son influence.

Frère Keeler était là une partie du temps ; mais son manque de langue le troublait beaucoup, car il ne l'avait pas suffisamment acquise à l'époque pour lui permettre de contrecarrer ces mensonges ou de donner des explications complètes à leur sujet.

J'ai appris que beaucoup de saints doutaient et qu'ils priaient le Seigneur pour que je revienne. C'était la cause de mon anxiété de retour. Le Seigneur entend les prières de ceux qui le prient avec foi, et des centaines de cas comme celui-ci se sont produits à ma connaissance.

Il arrive fréquemment que lorsque les Anciens ont réussi à baptiser le peuple, le diable s'efforce de le détruire avec une puissance et une ruse accrues. Rares sont ceux qui ont rejoint l'Église qui ont échappé à des tentations de ce genre ; et personne ne connaît la puissance du diable comme ceux qui ont embrassé la vérité. Il semble que ceux qui ignorent l'Évangile et la puissance de Dieu ne font jamais l'expérience de la puissance opposée comme le font ceux qui ont été bénis du Seigneur. Pourtant, ils ne devraient pas céder aux tentations de Satan, ni se laisser piéger par ses pièges.

Les gens qui avaient été baptisés à Keanae connaissaient très peu de choses des deux influences dont nous parlons ; mais à peine avaient-ils rejoint l'Église qu'ils furent assaillis et tentés d'une manière qu'ils ne l'avaient jamais été auparavant. En conséquence, certains se sont éloignés de la vérité ; mais d'autres devinrent plus forts dans la foi, tant que je restai sur l'île.

Nous avons passé d'excellents moments à Keanae . Pendant que j'étais là-bas, au moment où j'écris, je me rendis avec les indigènes, hommes et femmes, dans une crique distante d'environ deux milles, où le poisson était très abondant. Les pêcheurs ramassèrent une quantité de plantes, un arbuste qu'ils appellent *auhuhu* , et en firent deux tas dans le lit du ruisseau. Les hommes et les femmes entouraient ces tas, chacun d'eux ayant un bâton d'environ cinq à six pieds de long. Au signal donné d'un des hommes, ils se mirent à battre les broussailles. Ils étaient très adroits dans l'usage de ce fléau, retournant et retournant les pieux et les martelant bien, sans jamais se heurter. Le pilonnage du buisson avait pour effet de tacher l'eau tout autour et de tuer les poissons, qui bientôt flottèrent en grand nombre à la surface.

Les poissons ainsi pêchés sont excellents à manger. Cet arbuste, bien qu'il tue les poissons, n'est pas nuisible à l'homme. C'était l'un des sites les plus animés que j'aie jamais vu et il était très pittoresque. Les femmes étaient ornées de guirlandes de feuilles vertes et avaient des fleurs entrelacées dans les cheveux et autour du corps. Beaucoup d'hommes étaient torse nu et avaient également des guirlandes entrelacées autour d'eux. La natation et la plongée de certaines femmes m'ont surpris ; ils semblaient presque amphibies.

Chapitre 12

Entretien avec les dignitaires du royaume - Retour à la maison de Napela à Wailuku - Des centaines de personnes baptisées - Les anciens deviennent célèbres dans tout le groupe - Une particularité remarquable

Non satisfaits de faire peser contre nous des influences religieuses, les missionnaires (dont il a été question dans le chapitre précédent) incitèrent les propriétaires des terres et l'officier qui en avait la charge à faire cesser les réunions et à menacer le peuple de punition s'il ils ont persisté à les retenir. Cet officier rassemblait les gens, les convoquait individuellement et essayait de leur faire promettre qu'ils n'assisteraient plus à aucune de nos réunions. Pour réaliser son dessein, il a utilisé à la fois la persuasion et les menaces ; il a dit que s'ils se rencontraient à nouveau, il les ferait lier et transporter soit vers la capitale de cette île, Lahaina, soit vers le siège du gouvernement, Honolulu.

En conséquence de ces interruptions et persécutions, dont frère Keeler m'a fait part, à Kula, où je me trouvais alors, il a été jugé préférable pour moi d'aller à Honolulu et, si possible, de voir le roi ou quelques officiers du gouvernement. .

Philip B. Lewis, qui vivait alors à Honolulu et était président de la mission, et j'ai vu plusieurs ministres du roi. Le commissaire américain épousa très chaleureusement notre cause et réclama du gouvernement tous les droits qui étaient accordés à tous les prédicateurs. Nous n'avons pas vu le roi, sa santé étant très mauvaise ; mais ensuite, à Lahaina, j'eus un entretien avec les deux princes, qui sont depuis rois, et je reçus d'eux des assurances de protection. La visite, dans l'ensemble, a été satisfaisante et a donné de bons résultats.

J'ai découvert que rien n'est jamais perdu lorsque les Aînés défendent leurs droits. Les gens respectent ceux qui ont le courage de revendiquer les privilèges qui leur appartiennent ; et aucun Ancien ne devrait jamais oublier qu'il est l'ambassadeur du Roi des cieux et qu'il doit maintenir son appel. S'il est ferme et respectueux, il sera respecté.

Nous avons réussi à construire une belle maison de réunion à Keanae et, dans toute cette région, nous avons fidèlement prêché au peuple.

Je vous ai parlé dans un chapitre précédent de la manière dont j'avais été traité par le missionnaire à Wailuku, l'endroit où vivait Napela . Sa persécution avait été si forte que j'ai cru sage de me retirer de cet endroit pendant un certain temps ; mais le moment était maintenant venu pour moi de revenir ; Je me suis senti poussé à le faire ; et, en compagnie de Francis A. Hammond, j'y suis arrivé un soir. Nous ne savions pas où aller pour nous loger pour la nuit ; car le missionnaire qui vivait là avait utilisé tous les moyens en son pouvoir pour effrayer les gens et les empêcher de nous recevoir. Même Napela , qui m'avait auparavant offert un foyer, était lourdement condamné pour sa gentillesse à mon égard. Je me sentais délicat à l'idée de retourner chez lui, pensant probablement qu'il hésiterait peut-être à nous recevoir en raison de l'opposition qui ne manquerait pas de suivre.

Lorsque nous sommes arrivés aux abords de la ville, dans les collines, l'un de nous est allé prier pour que le Seigneur nous ouvre la voie et nous fasse des amis, tandis que l'autre veillait pour éviter toute interruption. Nous nous sommes sentis poussés à nous rendre chez Napela , pensant que s'il nous recevait gentiment, nous resterions avec lui, mais que s'il paraissait froid et distant, nous irions ailleurs. Nous le trouvâmes en conversation avec quatre ou cinq indigènes intelligents ; dont la plupart étaient ses camarades de classe au lycée. L'un d'eux, Kamakau , qui signifie l' *hameçon* , était un prédicateur, un homme très instruit, et on disait qu'il était le meilleur orateur indigène de leur église. Ils interrogeaient Napela sur nos principes, discutaient avec lui sur ces principes, il les défendait du mieux qu'il pouvait.

Notre arrivée semblait des plus opportunes ; il fut content de nous voir, nous accueillit chaleureusement et nous transféra bientôt la conversation. À cette époque, la connaissance de la langue de frère Hammond étant très limitée, je me suis retrouvé comme le principal porte-parole. Nous sommes restés assis jusqu'au chant des coqs le matin, discutant de nos principes et de nos raisonnements tirés de la Bible. Pendant un certain temps, ils étaient disposés à combattre nos opinions, mais ils ont finalement été réduits au silence et se sont assis et ont écouté ce que je disais, posant parfois des questions.

Ce fut le début d'une grande œuvre dans cette région. La prédication de l'Évangile créa une grande excitation ; les gens sont venus par centaines pour entendre le témoignage, et j'ai eu la satisfaction de voir le missionnaire qui m'avait si mal traité et qui s'était si farouchement opposé et menti sur l'œuvre, presque abandonné par sa congrégation ; ils ont quitté son église pour nous entendre prêcher et nous voir baptiser.

J'avoue que le voir ainsi traité me plaisait ; Je ne souhaitais pas qu'il subisse de blessures corporelles, mais j'avais espéré et prié pour que le jour vienne où il verrait ses disciples abandonner son église, embrasser la vérité et le laisser à lui-même.

Nous avons baptisé un grand nombre de personnes à Wailuku et dans les villes voisines, érigé une grande salle de réunion à cet endroit et de plus petites dans les autres villages, et organisé des branches importantes et florissantes de l'Église.

Lorsque frère Hammond et sa femme sont arrivés sur l'île, ils ont eu un enfant. Plusieurs enfants leur sont nés en mission avant leur retour. Après que nous ayons réussi à organiser des succursales à Wailuku, Waiehu et ailleurs, frère Hammond a amené sa famille de Lahaina, où ils vivaient, à Waiehu . Là, ils vécurent quelque temps. Par la suite, grâce à ses travaux, une branche fut créée à Lahaina et ils s'y installèrent. Tous les Anciens qui ont travaillé dans ce domaine ont des raisons de se souvenir de leur gentillesse à leur égard. Sous leur toit, nous trouvions toujours un accueil chaleureux, et c'était notre foyer, un foyer que des hommes qui parlaient constamment la langue indigène, vivant dans les maisons indigènes et devant se conformer, dans une certaine mesure au moins, à leurs modes de consommation, pouvaient apprécier. La gentillesse invariable de sœur Hammond, sa patience et sa gaieté au milieu des privations, et ses travaux inlassables en notre faveur, pour coudre et faire d'autres travaux pour nous, ce que, parmi un tel peuple, nous avions besoin de faire, ainsi que son constant efforts pour notre confort, ne seront jamais oubliés par ceux qui ont apprécié leur hospitalité.

Le contraste entre ma position d'alors et celle qu'elle avait été autrefois à Wailuku était pour moi une cause constante de gratitude envers le Seigneur. Il m'avait révélé qu'il était de mon devoir de rester sur les îles, d'acquérir la langue et de témoigner de sa grande œuvre au peuple. Il m'avait fait de nombreuses promesses à ce sujet. Et maintenant, je commençais à ressentir à quel point ses paroles étaient vraies. De nombreuses fois, lorsque j'étais assis dans les réunions et que j'entendais les gens parler dans la démonstration de l'Esprit du Seigneur, rempli de sa puissance et de sa sainte influence, rendant témoignage de la vérité de l'Évangile, de son rétablissement et de sa sainte influence. des cadeaux qui m'étaient accordés, ma joie était si grande que je pouvais à peine me contenir. Je sentais que, quel que soit mon dévouement, je ne pouvais pas montrer au Seigneur la gratitude que j'éprouvais d'avoir été autorisé à recevoir la prêtrise et à l'exercer pour le salut des enfants des hommes. Assurément, jamais hommes n'ont été plus heureux que nous qui travaillions dans le ministère parmi ce peuple à cette époque ; nous avions une plénitude de joie, et il semblait qu'il n'y avait plus de place pour davantage.

Le peuple aussi, avec tous ses défauts et ses faiblesses, fut grandement béni. La puissance de Dieu reposait puissamment sur eux, et bien souvent leurs visages brillaient et paraissaient presque blancs sous l'influence de l'Esprit. Ils savaient que Jésus était le Fils de Dieu et le Sauveur du monde, et que Joseph Smith et Brigham Young étaient des prophètes et des serviteurs de

Dieu. Cette connaissance leur était parvenue grâce à l'obéissance aux commandements.

Le bruit de ce qui se faisait parcourait toutes les îles. Les indigènes se déplaçaient fréquemment d'une île à l'autre. C'est un peuple bavard, bavard, extrêmement friand de nouvelles, qui ne perdent jamais rien dès le premier récit. J'ai ensuite parcouru tout le groupe et je me suis retrouvé bien connu de tous par mon nom. C'était souvent embarrassant pour moi, parce que je sentais que je ne pouvais pas répondre aux attentes qui avaient été créées concernant mes compétences linguistiques, etc., etc.

Le roi et ses nobles avaient tous entendu parler de nous et de ce que nous faisions, et même si nous étions souvent dénaturés, nous ne pouvions pas blâmer les Hawaïens pour grand-chose. Si on les laissait à eux-mêmes, ils n'auraient que peu de cet esprit de calomnie et de persécution si commun à la race blanche. Ils étaient naturellement gentils et hospitaliers. S'il n'y avait pas eu parmi eux des intrigues sacerdotales , les induisant en erreur et empoisonnant leur esprit contre la vérité, et les tentant avec les avantages et la popularité du monde, la nation entière, j'en suis convaincu, aurait pu être facilement amenée à recevoir et à croire aux principes de l'Évangile. . Mais tout a été fait pour qu'ils nous fuient, pour leur inspirer la suspicion, pour nous rendre impopulaires. Ces influences et ces pratiques vicieuses et destructrices qui précipitent rapidement la nation vers l'extinction étaient contre nous. Mais malgré tout cela, nous avons eu un merveilleux succès parmi eux.

Comme notre race indienne, les habitants des îles Sandwich sont détruits et effacés de la surface de la terre par une trop grande partie de ce qu'on appelle à Babylone la civilisation.

Il y a une caractéristique remarquable du caractère hawaïen que je vais noter ici. Parmi toutes les races d'hommes blancs dont j'ai encore entendu parler là où l'Évangile est prêché, la pratique du péché, et particulièrement chez l'autre sexe, s'accompagne de la perte de l'Esprit ; et à moins d'une repentance profonde et sincère, ces pécheurs risquent de devenir des ennemis de la vérité et sont souvent amers dans leur opposition à l'œuvre de Dieu et de ses serviteurs. Ce n'est pas le cas des Hawaïens, d'après mes observations. Il est vrai qu'en se livrant au péché, ils perdraient l'Esprit ; cela se voyait clairement ; mais je n'ai jamais vu parmi eux ce sentiment amer d'apostasie qui est si courant chez les hommes blancs qui apostasient. Ils n'étaient pas livrés à l'esprit d'incrédulité comme le sont les autres races.

Cette différence m'a frappé, et je l'explique de deux manières ; premièrement, à cause de leur ignorance, le Seigneur ne les oblige pas à une responsabilité aussi stricte qu'à nous ; et deuxièmement, ils sont de la postérité d'Israël, et des promesses particulières leur ont été faites. Je crois que les mêmes caractéristiques se retrouveront chez les Lamanites ; mais ceux qui ont l'expérience de travailler parmi eux pourront mieux le dire.

Chapitre 13

Missionnaires du pays—Bons résultats de leur présence et de leurs travaux—Voyage dans le canot des insulaires—Tradition des indigènes—Visite du volcan

Lors de la Conférence de l'automne 1852, tenue à Salt Lake City, neuf Anciens furent nommés en mission dans les îles. Ils atteignirent Honolulu au mois de février 1853. Leurs noms étaient Benjamin F. Johnson, William McBride, Nathan Tanner, Reddin A. Allred, Redick N. Allred, Thomas Karren , Ephraim Green, James Lawson et Egerton Snider. Ces aînés ont été d'une grande aide à la mission. Presque tous étaient des hommes d'expérience. Leur présence apportait un supplément de vie et d'énergie, dont l'effet devint bientôt visible partout. La plupart d'entre eux se sont emparés de l'ouvrage avec zèle.

Ils apportèrent avec eux la copie de la révélation sur le mariage céleste, qui fut publiée pour la première fois lors de la conférence au cours de laquelle ils furent appelés à se rendre dans les îles. Ils ont également apporté avec eux l'esprit de la conférence, et nous en avons tous ressenti les bénéfices.

Après leur arrivée, l'œuvre reçut une grande impulsion sur l'île d'Oahu, et surtout à Honolulu. Cette ville fut animée d'enthousiasme et un grand nombre de personnes furent baptisées. Une branche des membres blancs fut organisée, sous la présidence de frère BF Johnson. Les frères Tanner et Karren ont été choisis comme conseillers de Philip B. Lewis, président de la mission. Sur les îles d'Hawaï et de Kauai également, l'œuvre fit de grands progrès et des centaines de personnes furent ajoutées à l'Église.

J'ai omis de mentionner que William Perkins, qui avait été nommé en mission dans les îles, y arriva, accompagné de sa femme et de sa sœur John S. Woodbury, vers la fin novembre 1851. Ils restèrent quelque temps, travaillant à du mieux de leurs capacités. Frère Perkins a été autorisé à rentrer chez lui en raison de la mauvaise santé de sa femme.

Dans le but de rendre visite aux saints et aux habitants de l'île d'Hawaï (l'Owyhee du capitaine Cook), j'ai eu l'occasion de naviguer vers cette île en avril 1854.

A cette époque, l'argent était très rare chez les Anciens, et nous n'avions pas les moyens de nous transporter d'île en île sur les bateaux réguliers qui naviguaient dans ces mers. C'est pourquoi, en compagnie de plusieurs frères, j'ai voyagé, prêchant en passant, à travers le pays vallonné et accidenté qui s'étend entre Lahaina et Kawaipapa , à l'est de Maui, un point considéré comme le meilleur où s'embarquer pour traverser la Manche jusqu'à Hawaï.

Notre groupe était composé de Elder RN Allred, qui était à l'époque président de l'île de Maui ; Elder JH Napela et quatre Elders indigènes appartenant à Maui, qui avaient été nommés pour travailler dans le ministère sur l'île d'Hawaï. Leurs noms étaient Kaelepulu , Kapono , Hoopiiaina et Peleleu .

Le canal que nous devions traverser était parfois très accidenté et dangereux, et de nombreuses vies y avaient été perdues ; mais nous avions la foi de croire que le Seigneur nous préserverait pendant la traversée, même si notre navire était un navire dans lequel très peu d'hommes blancs voudraient s'aventurer en mer. C'était un canot creusé dans un arbre. Les deux extrémités du canoë étaient munies de planches aménagées comme une sorte de pont recouvert de nattes. Ces nattes étaient attachées au canot et rendaient le dessus du pont aussi rond qu'une bûche et parfaitement étanche. On pourrait penser que ce pont est un endroit curieux pour aller en mer, pourtant les insulaires indigènes étaient perchés aux deux extrémités du canoë sur ce pont avec leurs pagaies pour ramer le canot lorsque le vent ne soufflait pas. Au centre du canot, un certain espace était laissé pour que nous puissions nous asseoir, et les côtés étaient formés par des nattes d'arrimage à des poteaux élevés au-dessus du bord du canoë. Dans cet endroit, les indigènes avaient installé de nombreuses nattes, afin que nous puissions nous asseoir ou nous allonger, à notre convenance, très confortablement. Attachés en travers du canot, il y avait deux perches, chacune à une petite distance de l'extrémité du canot. Ces perches s'étendaient sur six ou huit pieds dans l'eau, et fixées à leurs extrémités se trouvait une planche parallèle au canot. C'est ce que nous appelons un stabilisateur ; c'était dans le but de maintenir l'équilibre du canot lorsque la voile était hissée. Sur ces poteaux, lorsque le vent commençait à souffler, les insulaires s'asseyaient, se soulevant et s'abaissant, selon la force du vent, afin d'empêcher le canot de chavirer. La plupart du temps, une partie de leur corps était dans l'eau. Mais la mer n'a aucune terreur pour les insulaires Sandwich. Ils peuvent nager dans l'eau pendant des heures sans être fatigués du tout.

Quand je regardais ces hommes perchés sur le pont du canot, c'était comme si je partais en mer sur un rondin ; et si je n'avais pas été familier avec l'habileté des indigènes dans la conduite de leur canot, et si j'avais eu une certaine confiance en mes propres capacités de nageur, avec eux pour m'aider dans l'eau, je n'aurais guère osé m'aventurer dans un bateau tel que celui-ci. .

Nous avons prié le Seigneur, avant de partir, de nous accorder un voyage agréable et favorable, et les indigènes ont dit qu'ils n'avaient jamais connu de moment plus favorable.

Nous atteignîmes Upolu, sur l'île d'Hawaï, entre trois et quatre heures, après être partis de Maui vers huit heures du matin.

A ce sujet, je peux dire que nous sommes retournés à Upolu après la fin de notre visite et avons de nouveau traversé le canal pour retourner à Maui, mais cette fois nous n'avions pas un seul canoë. L'un des saints indigènes et son fils s'étaient procuré deux canots neufs et les avaient attachés ensemble, comme c'était la mode autrefois, pour leurs chefs, en attachant des pièces de bois entre les deux canots, ces derniers étant espacés de quatre à six pieds. Cela s'appelait dans leur langue *kaulua* .

Notre place pour nous asseoir ou nous allonger était aménagée entre les canots, en déposant des planches et en les recouvrant de nattes, ce qui formait un plancher tout à fait confortable sur lequel nous pouvions nous asseoir, et au centre de celui-ci le mât était élevé et fixé.

Comme dans le cas du canot simple, des planches étaient fixées aux extrémités, avec des nattes posées dessus pour empêcher l'eau d'entrer, formant ainsi un pont pour le canot, tandis qu'un petit espace était laissé au centre des deux canots pour une partie du canoë. les indigènes peuvent s'asseoir et, si nécessaire, vider l'eau.

Nous avons laissé les quatre aînés indigènes sur l'île et en avons emmené un avec nous, qui a été libéré de sa mission de retour à Maui. Son nom était Kailihune .

Notre passage de retour a été difficile sur une bonne partie de la distance, car nous avions une bonne brise forte environ aux deux tiers de la traversée. Puis le vent s'est calmé ; mais nous avons prié le Seigneur pour qu'il y ait plus de vent, et nos prières ont été exaucées. Nous mettons entre six et sept heures à faire le trajet.

Nous avons parcouru l'île et visité le célèbre volcan, le plus grand du monde. Son nom est Kilauea.

Notre parti s'était agrandi, comprenant des Blancs et des indigènes, jusqu'à atteindre une vingtaine de membres. En plus de frère Allred, il y avait de notre groupe Elder Thomas Karren , qui vivait à Lehi, Utah Co., mais qui est maintenant décédé ; Elder James Keeler, qui est récemment revenu d'une autre mission dans les îles et qui réside maintenant sur le Sevier ; et Elder Egerton Snider, décédé depuis.

Frère James Lawson, de cette ville, était également avec nous, mais ayant vu le volcan, il n'est pas monté avec nous. Nous devions y aller à pied, car nous n'avions pas d'argent pour louer des animaux.

Les habitants des îles Sandwich avaient une idée singulière sur la manière dont leurs îles sont nées. Leur croyance était que les îles étaient nées et que

Papa, une femme qu'ils adoraient comme une déesse, en était la mère. Le premier-né, pensent-ils, était Hawaï, l'île la plus proche de ce continent, et les derniers nés étaient Kauai et Niihau. Ce papa avait, dit-on, une sœur qui s'appelait Pelé. Ils l'adoraient comme une déesse et même lorsque nous étions là, beaucoup croyaient encore en elle. On dit qu'elle a d'abord vécu à Kauai et de là s'est déplacée d'une île à l'autre jusqu'à ce qu'elle s'installe à Hawaï. Ils croyaient que son lieu de résidence était le gouffre du volcan actif, et que là allaient habiter tous les esprits des bons chefs et des hommes. Les méchants se rendaient, croyaient-ils, dans un lieu de ténèbres au centre de la terre, sur lequel régnait un dieu appelé Milu .

Autrefois, les gens jetaient les ossements de certains de leurs proches décédés dans le volcan. Ils avaient l'idée que si Pelé était satisfaite du sacrifice, elle consommerait les os et l'esprit de la personne décédée serait autorisé à revenir et à devenir un esprit familier pour eux, et à faire partie de la famille. Si le sacrifice n'était pas acceptable, les ossements étaient jetés hors du volcan.

La fosse du volcan fait probablement trois milles de diamètre. Il y a eu des moments où tout le fond de la fosse n'était qu'une masse de feu sinistre et bouillonnant. Ce devait être un spectacle terriblement grandiose, mais lorsque nous le visitâmes, nous trouvâmes un immense champ de lave qui s'étendait tout autour de la fosse et qui ressemblait, à bien des égards, à la mer par son aspect ondulé. On aurait pu aussi le comparer à un champ de glace côtière, d'où l'eau s'était retirée, la laissant brisée et fissurée ; en fait, cela ressemblait à une mer gelée, sauf qu'elle était noire comme du charbon. En refroidissant, il s'était fissuré, laissant de grandes coutures d'où sortaient de la vapeur et de la chaleur.

Nous trouvâmes que la fosse dans laquelle le feu faisait rage avait environ cinquante ou soixante pieds de profondeur ; il était presque rond et mesurait environ cent mètres de diamètre. Les côtés étaient perpendiculaires ; la chaleur la plus forte semblait se situer sur les côtés. D'un côté, il y avait deux grands trous très rapprochés, qui ressemblaient plus à l'embouchure de deux très grands fourneaux qu'à tout ce que j'ai jamais vu. Ici, la lave fondue était en mouvement constant, déferlant et se soulevant comme les vagues de la mer. Le son qu'il produisait ressemblait un peu à celui des pagaies d'un bateau à vapeur dans l'océan, mais il était bien plus puissant. Nous entendîmes ce bruit avant d'atteindre l'embouchure du volcan, et il ressemblait, à nos oreilles, au grondement d'une artillerie lourde au loin.

La lave coulait continuellement dans la direction de ces deux trous dont j'ai parlé, et les roches jetées à la surface de la lave fondaient à proximité de ces trous comme de la cire à cacheter tenue dans une bougie. Il était surprenant de voir avec quelle facilité le feu faisait fondre cette masse pierreuse de lave, qui, dans certaines parties de la fosse, se refroidissait à la surface, et la reconvertissait en fluide.

Parfois, des averses de lave brûlante s'élevaient dans les airs et descendaient sur les bords de la fosse où nous nous trouvions. Lorsque cela se produisait, les passants devaient fuir aussi vite qu'ils le pouvaient, sous peine d'être gravement brûlés.

La vue de cette fosse surpassait en sublimité et en grandeur tout ce que j'avais jamais vu ou imaginé. Cela dépassait de loin ce que j'avais lu dans les descriptions écrites, ou même ce que je m'attendais à voir. Le langage ne parvient pas à transmettre à l'esprit une idée correcte de son apparence.

On nous raconta qu'un groupe d'indigènes venait de se rendre là, jetant dans le volcan les ossements d'un de leurs parents avec des porcs, des volailles, etc., sacrifices pour gagner la faveur de Madame Pelé, la déesse.

Depuis quelques années, il n'y avait eu aucune éruption de ce cratère que nous avons visité ; mais d'autres avaient éclaté dans le même voisinage, dont le feu et la fumée avaient été aperçus de loin, et dont les cendres, dit-on, étaient tombées sur les ponts des vaisseaux à des centaines de milles de mer. De ces éruptions, la lave avait coulé jusqu'à la mer, balayant tout devant elle et réchauffant la mer sur plusieurs milles de manière à tuer de grandes quantités de poissons.

L'île d'Hawaï est très fréquemment secouée par des tremblements de terre, effets d'incendies cachés.

Chapitre 14

Un festin hawaïen : une blague amusante jouée aux hommes blancs

En revenant du volcan vers Upolu, nous avions une maison de réunion à consacrer à un endroit appelé Pololu , et les saints y avaient préparé une fête à cette occasion.

Le récit d'une fête hawaïenne peut être intéressant pour mes lecteurs et je vais décrire celui-ci. La portion de légumes du festin était composée de *poi* . C'est ce que je vous ai déjà décrit. Il n'est pas conservé dans des plats en terre cuite mais dans des calebasses, dont certaines sont très grandes et peuvent contenir plusieurs gallons de nourriture. A cette occasion, les gens s'asseyaient par terre sur des nattes. Pour les nappes, il y avait de grandes feuilles vertes de la plante appelée *ki* . Sur ceux-ci étaient placés des paquets de bœuf, de porc, de volaille, de chien et de chèvre, garnis des feuilles dans lesquelles ils avaient été cuits. Le poisson était également servi de cette manière.

Dès que la bénédiction était demandée, chacun trempait son index dans le « *poi* », et le soulevant autant que les doigts le permettaient, ils le passaient dans leur bouche, en rejetant la tête en arrière, pour obtenir un bonne bouchée. Les porcs, les poules et les petits chiens furent rapidement disséqués, les doigts étant les seuls couteaux, fourchettes et cuillères utilisés parmi eux. La scène était une véritable jouissance.

L'Insulaire Sandwich n'est jamais aussi joyeux, aussi musical, aussi plein de conversations agréables, que lorsqu'il est assis autour d'un bon repas ; et la quantité qu'on mange en de telles occasions étonnerait un Américain qui ne les aurait jamais vus. Habituellement, ils tiennent particulièrement à avoir les mains propres et à manger dans le respect des droits de chacun. L'un attend que l'autre mette les doigts dans le *poi* et leurs idées de bienséance et de manières, telles qu'elles sont, sont aussi strictes que les nôtres.

Nous, les aînés qui mangions avec eux, étions également assis sur des nattes et mangions le même genre de nourriture qu'eux, sauf qu'au lieu d'utiliser nos doigts, nous utilisions soit des cuillères, soit de petites palettes que nous taillions dans du bois, pour transporter la nourriture jusqu'à nos bouches. , pensant qu'il vaudrait mieux leur donner l'exemple à cet égard.

Je ne pense cependant pas qu'aucun membre de notre parti préférerait la viande de chien au bœuf, à la chèvre ou au poulet, même si je dois dire que, sans préjugés, je considère la viande de chien comme aussi saine et aussi propre que le porc ; car les chiens qu'on mange dans ce pays sont d'une race particulière, dont la chair est très douce et tendre. Ils sont très particuliers dans leur alimentation ; ils les gardent plus propres et ne leur donnent pas une nourriture aussi désagréable qu'ils le font à leurs porcs. Mais il y a quelque chose de répugnant pour les gens élevés comme nous, dans l'idée de manger de la viande de chien.

Napela m'a raconté l'histoire d'un tour que lui et quelques autres indigènes avaient joué à des hommes blancs lors d'une fête à laquelle ils avaient participé dans un endroit appelé Waikapu sur l'île de Maui. Les hommes blancs étaient des marchands de Lahaina et avaient été invités à cette fête. Ils avaient à peu près toutes sortes de viandes et de poissons, et parmi le reste il y avait un certain nombre de cochons et de chiens rôtis. Un des indigènes suggéra, comme un bon tour à jouer aux hommes blancs, de couper les têtes des cochons et de les mettre avec les chiens, et de prendre les têtes des chiens et de les mettre avec les cochons. Ils l'ont fait. Bien sûr, les marchands ne voulaient pas manger de viande de chien et ne touchaient pas à la viande là où se trouvaient les têtes des chiens, mais mangeaient de bon cœur ce qu'ils supposaient être des porcs. Les indigènes essayèrent de les persuader de manger l'autre viande. "Oh non", disaient-ils, "ces délicieux cochons sont assez bons pour nous", et ils ne voulaient pas toucher les autres.

Je puis dire ici que la méthode indigène de cuisson de la viande est supérieure à la nôtre. Ils s'arrangent pour y conserver tout le jus de la viande pendant la cuisson.

On ne dit rien aux marchands du tour qu'on leur avait joué jusqu'à la fin du festin, et on ne put les persuader qu'ils avaient mangé des chiens, jusqu'à ce qu'on leur montre les os, qu'ils savaient n'être pas ceux de porcs. . Ils s'efforçaient d'être malades à l'idée d'avoir mangé de la viande de chien, mais durent admettre que c'était la meilleure viande qu'ils aient jamais mangée.

Une personne sans méfiance, si elle était servie avec de la viande de chien, ne rêverait jamais qu'il s'agissait d'autre chose que du cochon de lait.

Chapitre 15

Réponses aux prières et octroi des dons aux anciens et au peuple – les anciens envoyés pour enseigner et non pour être instruits – les bénédictions reposeront sur ceux qui travaillent parmi les hommes rouges pour leur salut

Je vais raconter un incident qui s'est produit quelques mois après notre départ à Wailuku, pour montrer comment le Seigneur entend et répond à la prière.

Nous avions grand besoin de moyens pour acheter des vêtements, etc. Les indigènes étaient très pauvres et nous nous sentions délicats de leur demander quoi que ce soit ; mais nous savions que le Seigneur entendrait et répondrait à nos prières ; alors nous l'avons prié. Frère Hammond avait amené sa femme et son enfant de Lahaina, et ils vivaient, comme je vous l'ai dit, dans le village proche de Wailuku. Lui et moi devions faire une visite dans une ville distante d'environ douze ou quinze milles, et avant de partir, nous avions prié le Seigneur de nous ouvrir la voie afin que nous puissions obtenir ce que nous voulions.

Nous avions parcouru environ trois milles depuis la maison, lorsqu'en passant devant quelques maisons qui se trouvaient sur la plage, nous rencontrâmes un homme du nom de Freeman, un Américain, qui nous aborda et nous demanda si nous avions l'autorisation de nous marier. Après que nous l'ayons informé que nous l'avions fait, il nous a demandé si nous pouvions prendre le temps de nous arrêter chez lui et de l'épouser. Nous lui avons dit que, comme c'était en route, nous nous arrêterions. J'ai célébré la cérémonie et, à sa demande, je me suis adressé aux personnes rassemblées dans la maison. Il nous a donné une pièce d'or de cinq dollars.

Nous nous étions mariés à de nombreuses reprises auparavant, mais c'était le premier argent qui nous soit jamais donné. Ses cinq dollars suffisaient à nos besoins, car à cette époque nous nous contentions de très peu.

J'ai toujours considéré cela comme une réponse directe à nos prières, car lorsque nous avons rencontré cet homme, il était visiblement en route pour Wailuku, avec sa future épouse, pour y être marié par le missionnaire. Le missionnaire manquait la redevance, mais comme il n'en savait rien, il n'était pas plus pauvre. Je ne pense pas qu'il en ait autant besoin que nous.

Il est toujours plus agréable pour un Ancien, lorsqu'il a besoin de quelque chose, en mission, de s'adresser au Seigneur que de le demander au peuple ; du moins, je l'ai toujours trouvé ainsi.

Le Seigneur a béni de nombreuses manières les indigènes qui se sont joints à l'Église et ils se sont extrêmement réjouis des dons de l'Esprit. Un jour, un jeune homme, qui était si malade qu'on ne s'attendait pas à ce qu'il vive, a demandé à se faire baptiser. Son frère aîné était dans l'Église, et la veille de son baptême, les Anciens avaient été appelés pour le soigner. Il était tellement rétabli le matin qu'il put se lever et ensuite assister à la réunion, et se fit baptiser.

Le même jour, frère Napela et quelques autres saints indigènes avaient rendu visite à une femme qui croyait en l'Évangile et qui souhaitait se faire baptiser ; elle n'était plus capable de marcher debout depuis cinq ans, mais elle avait hâte qu'on la lui administre, afin qu'elle puisse être rétablie. Ils lui imposèrent les mains et lui ordonnèrent, au nom du Seigneur Jésus-Christ, de se lever et de marcher. Elle s'est immédiatement levée et a marché, puis elle est allée se faire baptiser.

Cela provoqua une véritable émotion dans le quartier, car elle était bien connue et les gens furent très étonnés de sa restauration. L'attention du grand nombre a été tournée vers l'Évangile par cet événement.

Un autre cas qui s'est produit à peu près à la même époque est celui d'une femme qui était membre de l' église presbytérienne . Elle souffrait d'hydropisie, ou de quelque chose qui ressemblait beaucoup à cette maladie. Elle avait essayé différents remèdes, mais n'avait obtenu aucun soulagement. Elle avait entendu parler des dons dans l'Église et elle a demandé aux frères Napela et Uaua de les lui administrer, disant qu'elle était prête à faire alliance et à abandonner ses péchés. Ils lui ont administré des soins et elle a été guérie ; toute l'enflure l'a quittée et elle a été baptisée. Le dimanche, elle assista à la réunion et fit ensuite quelques remarques désobligeantes à l'égard de l'œuvre, se livrant à un esprit d'apostasie ; sa maladie est revenue immédiatement et elle était toujours aussi mauvaise.

Un autre exemple était celui d'une femme dont un membre était flétri et qui souffrait de paralysie. Elle fut baptisée et recouvra rapidement la santé.

Une de ses nièces fut ensuite affligée de la même manière ; elle nous a demandé de lui administrer, et lorsque nous l'avons fait, elle a recouvré la santé.

Le jour même où cette dernière personne s'est fait imposer les mains, nous avons eu une réunion à un endroit appelé Waiehu . Une fois la réunion terminée, trois personnes demandèrent à être soignées, dont un aveugle. Il était aveugle depuis plus de trente ans, mais il a retrouvé la vue. Il a commencé à s'améliorer dès le moment où les mains lui ont été imposées, et le lendemain matin, il a pu voir. Il put ensuite se déplacer sans aucun guide ; et je l'ai souvent vu entrer dans une réunion, se faufilant parmi le peuple, sans aucune aide, jusqu'à un siège qu'il avait l'habitude d'occuper près de l'orateur. Sa restauration fit grand bruit dans le quartier, car sa cécité était bien connue. Il avait un fils, un homme mûr, qui pouvait à peine se rappeler quand son père était capable de voir et de se déplacer sans aide.

Je raconterai un autre cas dont je n'ai pas été témoin oculaire ; mais j'ai toutes les raisons de croire que cela s'est produit comme je vais le raconter. J'ai mentionné un aîné dont le nom était Uaua . C'était un homme d'une foi considérable. Sa femme avait été frappée en son absence et était, selon toute apparence, morte depuis environ trois heures avant son arrivée chez lui.

Dans ce pays, lorsqu'une personne meurt, les amis et les parents de la famille se rassemblent et manifestent leur douleur par des lamentations. On se livrait à ces lamentations et à ces cris quand il revenait, chacun croyant qu'elle était morte. Il était, bien sûr, très choqué ; mais la première chose qu'il fit fut de l'oindre et de lui imposer les mains ; et, au grand étonnement de tous ceux qui étaient rassemblés, elle se rétablit instantanément.

Je pourrais multiplier sans nombre les exemples de ce genre ; mais j'écris ces lignes pour vous montrer que les mêmes œuvres et la même puissance de Dieu, qui se manifestèrent autrefois par la foi des serviteurs et des saints de Dieu, ont été manifestées de nos jours et sous l'administration du peuple de Dieu, qui maintenant en direct.

Les indigènes des îles Sandwich avaient une grande foi pour imposer les mains aux malades, et aussi pour se faire imposer les mains lorsqu'ils étaient malades. Ce n'était pas contraire à leurs traditions de croire à cette ordonnance, car leurs anciens prêtres indigènes, avant l'arrivée des missionnaires, avaient un pouvoir considérable qu'ils exerçaient et en qui le peuple avait confiance.

De nombreux Anciens désirent, lorsqu'ils sont appelés missionnaires, se rendre dans des nations éclairées et cultivées. Ils pensent que leur expérience parmi de telles personnes leur serait profitable, qu'ils deviendraient polis et apprendraient beaucoup de choses qu'ils ne pourraient pas obtenir chez un peuple, par exemple, comme les Insulaires Sandwich ou les Lamanites. De tels anciens oublient que le Seigneur envoie ses anciens pour enseigner et non pour être instruits. Les missionnaires ne devraient pas avoir à l'esprit l'idée du confort et de l'auto-indulgence ; mais le salut des âmes.

L'homme qui sort en espérant que le peuple auquel il est envoyé l'instruise, l'éclaire et lui apporte du bénéfice, commet une grande erreur. Il ne comprend pas la nature de sa prêtrise et de son appel.

Je n'oublierai probablement jamais les sentiments que m'a exprimés John Hyde, Jr., sur ce point. Il avait été appelé, lors d'une conférence (avril 1856) à Salt Lake City, à partir en mission dans les îles Sandwich. Il est venu à San Francisco en chemin. Je publiais alors le *Western Standard* et je présidais la mission de Californie. C'est avec un sentiment proche du dégoût qu'il m'a parlé de sa mission. S'il avait seulement été appelé à aller en France, en Angleterre ou dans l'une des nations dites éclairées, il disait qu'il y serait allé volontiers ; mais aller vers un peuple dégradé et païen était tout à fait indigne de lui. Un homme avec son talent et ses connaissances serait abandonné à eux.

Il a apostasié lors du voyage à Honolulu ; ou, pour le dire plus exactement, il a décidé, alors qu'il était en mer, de dissoudre ses liens avec l'Église. Il était apostat dans son cœur et dans ses sentiments avant de quitter San Francisco. Mais quelqu'un qui comprend cette œuvre peut-il s'étonner qu'un homme qui ressentait cela perde l'Esprit et apostasie ? Ce serait étonnant qu'il ne le fasse pas.

L'expérience des Aînés qui ont été en mission aux îles Sandwich est encourageante pour tous ceux qui sont appelés à partir en mission chez les Lamanites. Ils auront peut-être des privations à endurer, mais ils seront engloutis dans la joie du Seigneur. Je suis sûr que le Seigneur compense tout manque de confort temporel par une effusion supplémentaire de son Esprit.

L'âme d'un habitant des îles Sandwich ou d'un Lamanite est aussi précieuse aux yeux du Seigneur que l'âme d'un homme blanc, qu'il soit né en Amérique ou en Europe. Jésus est mort pour l'un autant que pour l'autre, et pour les hommes à la peau rouge, les promesses du Seigneur sont très grandes et précieuses. Ceux qui leur administrent des ordonnances de salut éprouveront à leur sujet une joie aussi grande au jour du Seigneur Jésus que s'ils avaient été plus éclairés.

Bienheureux seront les hommes fidèles qui ont travaillé, qui travaillent maintenant et dont beaucoup travailleront désormais parmi les Lamanites pour leur salut. Dans un tel travail, les anciens jouiront du pouvoir de la prêtrise, des dons de l'Esprit et du bonheur pur et céleste à leur guise, et c'est tout ce dont ils pourront jouir parmi les races qu'ils peuvent considérer comme plus favorisées.

Je dis cela parce que ma propre expérience a prouvé que cela est vrai, et à cause des grandes bénédictions et promesses qui sont faites à ceux qui travailleront au salut de la postérité d'Israël et du peuple de l'alliance du Seigneur.

Dans quelle position les fils du roi Mosiah auraient-ils pu en apprendre autant sur le pouvoir de Dieu qu'au cours de leurs missions parmi les

Lamanites ? Parmi quelles personnes auraient-ils pu sauver plus d'âmes ?
Et n'auront-ils pas de joie avec eux dans le royaume du Père.

Des milliers d'Anciens devront encore travailler parmi les hommes rouges
pour leur salut. Ils ne devraient pas considérer cela comme une difficulté,
mais comme un privilège grand et inestimable – une œuvre dans laquelle
les anges prennent plaisir à s'engager.

Chapitre 16

Consolation tirée du Livre de Mormon—Sa traduction en langue hawaïenne—Une grande joie dans le travail—Un comité chargé de réunir des fonds pour acheter une presse, un type, etc.—Une presse, etc., commandée puis envoyée en Californie—Le Le Livre de Mormon imprimé – La première traduction dans la langue d'une nation d'hommes rouges – Les langues apparentées parlées dans les îles polynésiennes – La « norme occidentale »

Certains de mes lecteurs peuvent être placés dans des circonstances semblables à celles qui m'entourèrent une partie du temps aux îles Sandwich ; et il serait peut-être utile de leur raconter comment j'ai évité de perdre courage et d'avoir le mal du pays. Mon amour pour la maison est naturellement très fort. Pendant la première année après avoir quitté la maison, je pouvais à peine y penser sans que mes sentiments prennent le dessus sur moi. Mais là, j'étais dans un pays lointain, au milieu d'un peuple dont la langue et les habitudes m'étaient étrangères. Leur nourriture même m'était étrangère et ne ressemblait à rien de ce que j'avais jamais vu ou goûté auparavant. J'étais la plupart du temps séparé de mes compagnons, les Anciens. Jusqu'à ce que je maîtrise la langue et commence à prêcher et à baptiser les gens, j'étais effectivement un étranger parmi eux.

Avant de commencer à tenir des réunions régulières, j'avais tout le temps de méditer, de revoir tous les événements de ma courte vie et de penser à la maison bien-aimée dont j'étais si loin. C'est alors que j'ai découvert la valeur du Livre de Mormon. C'est un livre que j'ai toujours aimé. Mais j'y ai appris à l'apprécier comme je ne l'avais jamais fait auparavant. Si j'avais tendance à me sentir seul, à être déprimé ou à avoir le mal du pays. Il me suffisait de consulter ses pages sacrées pour recevoir une consolation, une force nouvelle et une riche effusion de l'Esprit. Il n'y a guère de page qui ne contienne des encouragements pour tel que j'étais. Le salut de l'homme était le grand thème sur lequel ses écrivains s'appuyaient, et pour cela ils étaient prêts à subir toutes les privations et à consentir tous les sacrifices.

Quelles étaient mes petites difficultés comparées à ces afflictions qu'ils durent endurer ? Si je m'attendais à partager la gloire pour laquelle ils se sont battus, je pourrais voir que je dois travailler dans le même Esprit. Si les fils du roi Mosiah pouvaient renoncer à leur rang élevé et aller travailler parmi les Lamanites dégradés comme ils le faisaient, ne devrais-je pas travailler avec patience et un zèle dévoué pour le salut de ces pauvres hommes rouges, héritiers de la même promesse ?

Permettez-moi donc de recommander ce livre aux petits et aux grands, s'ils ont besoin de réconfort et d'encouragement. Je peux particulièrement le recommander à ceux qui sont loin de chez eux en mission. Aucun homme ne peut le lire, participer à son esprit et obéir à ses enseignements, sans être rempli d'un profond amour pour les âmes des hommes et d'un zèle ardent à faire tout ce qui est en son pouvoir pour les sauver. Chaque saint des derniers jours devrait le lire, ainsi que les autres annales que le Seigneur nous a données.

Les conversations que j'ai eues avec les indigènes au sujet du Livre de Mormon et de l'origine des hommes rouges les ont rendus impatients de le voir. Après que des succursales eurent été construites à Wailuku, à Waiehu et ailleurs, par Elder FA Hammond et moi-même, j'ai été amené à commencer la traduction du Livre de Mormon dans la langue des îles – la langue hawaïenne, comme on l'appelle. .

Mon lieu de résidence était chez le frère JH Napela , à Wailuku. C'était un Hawaïen instruit et intelligent, qui comprenait parfaitement sa propre langue et pouvait me donner le sens exact des mots. Le sens attaché à de nombreux mots dépend du contexte. Il est donc important, lors de la traduction, de savoir que les mots utilisés véhiculent la bonne idée. À moins que la langue utilisée n'apporte à l'esprit hawaïen le même sens que celui que nous ont donné les mots de notre traduction, elle ne serait pas correcte.

Il est probable que peu de gens dans le pays étaient aussi qualifiés que frère Napela pour m'aider à cet égard. Il était un descendant des anciens chefs de l'île de Maui, dans les familles desquels la langue était conservée et parlée avec la plus grande pureté, et il avait des avantages qu'aucun autre homme aussi instruit ne possédait à cette époque. Il avait étudié très minutieusement les principes de l'Évangile, il avait un esprit compréhensif pour saisir la vérité et il avait été grandement favorisé par l'Esprit. Au fur et à mesure que je progressais dans la traduction, sa compréhension de l'œuvre s'est accrue. Il a saisi l'esprit du livre, et a su saisir très rapidement les points qui lui ont été présentés.

Dans les derniers jours du mois de janvier 1851, je commençai le travail de traduction. Mes compagnons de travail, les Anciens, m'ont encouragé, et de la Première Présidence de mon pays – les présidents Young, Kimball et Richards – sont venus des mots de joie, approuvant ce que je faisais et me conseillant de persévérer.

Le travail de prêcher, baptiser, confirmer, organiser les branches, administrer les malades et voyager autour des branches et sur d'autres îles, me pressait et prenait la plus grande partie de mon temps. C'étaient des saisons chargées pour tous ceux qui travaillaient, et elles étaient extrêmement délicieuses. Le Seigneur semblait très proche de nous sur ces îles à cette époque.

Le temps que j'occupais en traduction correspondait aux jours et aux heures qui n'étaient pas réclamés par d'autres tâches. Au début, ma méthode consistait à traduire quelques pages, puis, lorsque l'occasion s'en présentait, à expliquer au frère Napela les idées, qu'elles soient historiques ou doctrinales, dans une grande plénitude. De cette manière, il obtiendrait une compréhension assez approfondie de la partie que je traduisais. Je lui lisais ensuite la traduction, examinant attentivement chaque mot et chaque phrase, et apprenant de lui l'impression que le langage utilisé lui transmettait. De cette façon, j'ai pu corriger toute expression obscure qui pourrait être utilisée et sécuriser l'idiome hawaïen.

L'Esprit de traduction reposait sur moi, c'est même devenu pour moi un travail très facile. J'ai acquis une grande facilité d'expression dans la langue, et avant d'avoir fini le livre, je disposais d'une gamme de mots supérieure à la grande majorité des gens.

C'était un résultat très naturel. Les doctrines, les principes et les idées contenus dans le Livre de Mormon étaient en dehors des pensées ordinaires du peuple. La traduction de ceux-ci faisait appel à toutes les puissances de la langue et exigeait réellement — ce que je sentais avoir en étant engagé dans ce travail — l'assistance de l'Esprit d'inspiration.

Parfois, lors de la révision de la traduction, j'avais d'autres hommes intelligents présents avec frère Napela .

De cette façon, j'ai parcouru tout le livre, lisant attentivement et expliquant chaque mot et chaque phrase à lui et à eux ; et s'il y avait une expression obscure, ne la quittait pas jusqu'à ce qu'elle soit rendue claire. Une fois ainsi révisé, je l'ai copié dans un livre. Cependant, faute de temps, la copie dans le livre n'a jamais été complètement terminée. Mais, hormis le fait qu'il était rédigé avec une écriture très belle, en raison de la rareté du papier, il n'avait vraiment pas besoin d'être copié.

La traduction fut achevée le 22 juillet [1853] , soit environ deux ans et demi après que je l'ai commencée. Mais ce n'est que le 27 [septembre] suivant que nous avons achevé la révision.

Mes travaux dans le ministère m'ont toujours été extrêmement joyeux ; mais aucune partie d'eux ne m'a jamais procuré autant de plaisir que mon travail de traduction de ce précieux document. Après l'avoir commencé, j'ai eu, dans la prédication, un flux accru de l'Esprit, dans le témoignage j'ai eu un plus grand pouvoir, et dans l'administration de toutes les ordonnances de l'Évangile, j'ai senti que j'avais une plus grande foi. Je me sentais très heureux. En vérité, mon bonheur était au-delà de toute description. La gratitude remplissait constamment mon cœur, parce qu'il m'était permis de faire ce travail.

En décembre 1853, je visitai Kauai, l'île la plus occidentale et habitée du groupe. J'avais un double objectif en visitant cette île : rendre visite aux saints et rendre témoignage à tous les gens concernant l'œuvre, et réviser à nouveau la traduction du Livre de Mormon. Il y avait à cette époque sur l'île un ancien indigène qui travaillait dans le ministère avec l'ancien William Farrer , du nom de Kauwahi , un homme doté d'une intelligence aiguë, d'un talent et d'une bonne éducation, et qui était appelé le plus éloquent et le meilleur raisonneur de l'Hawaï. nation. J'avais hâte que lui et frère Farrer parcourent la traduction avec moi, pour vérifier qu'aucun mot n'avait été omis et pour corriger toutes les inexactitudes qui auraient pu échapper à ma lecture précédente.

Nous avons commencé cette révision dans la ville de Waimea, le point habité le plus à l'ouest des îles Sandwich, le 24 décembre 1853, et l'avons terminée le dernier jour de janvier 1854.

En nous occupant de cela, nous n'avons pas négligé nos autres devoirs parmi les saints et le peuple. Au cours de cette révision, j'ai lu le livre deux fois, à l'exception de quelques pages : une fois au frère Farrer, qui a regardé la version anglaise, pour voir qu'aucun mot ou phrase n'était omis ; ensuite au frère Kauwahi , qui a également regardé le livre anglais, étant un peu familier avec l'anglais, pour corriger toute inexactitude dans la traduction ou dans l'idiome.

Lorsqu'il y avait une expression qui n'était pas très claire, ou qui sortait du cadre ordinaire de la pensée hawaïenne — et il y en avait beaucoup — je prenais soin de l'expliquer complètement à frère Kauwahi , comme je l'avais fait auparavant à frère Napela : afin d'être sûr d'avoir utilisé le langage le plus simple et le plus clair pour transmettre l'idée.

Dans mon journal, je trouve que je dis que c'était plus exempt d'erreurs que je ne pouvais l'espérer dans les circonstances dans lesquelles j'étais placé au moment de la traduction : il y avait des appels pour prêcher, de fréquentes interruptions pour aller administrer les malades. , et souvent des conversations qui détournaient mon attention ; mais au milieu de quoi j'ai dû traduire et copier.

Lors d'une conférence des anciens, tenue à Wailuku, le 6 octobre 1853 , la question fut discutée de savoir s'il serait préférable d'employer une imprimerie pour imprimer le Livre de Mormon, ou d'acheter une presse et du matériel d'impression pour la mission. , avec lequel imprimer cela et d'autres ouvrages nécessaires à l'instruction des saints. Il a été décidé que la meilleure solution serait d'acheter une presse, etc. Un comité de trois — les anciens Philip B. Lewis, Benjamin F. Johnson et moi-même — a été choisi pour prendre les mesures nécessaires pour collecter les fonds.

Lors de cette conférence, j'ai été libéré de la charge de l'île de Maui et chargé de voyager à travers les îles afin de collecter des fonds pour la publication du Livre de Mormon. Et ici, il peut être juste de dire que ceux qui se sont abonnés pour un exemplaire ou plusieurs de l'ouvrage en ont ensuite reçu lors de sa publication.

Frère Edward Dennis , un homme blanc qui avait été baptisé à Honolulu, a prêté au comité, sur sa note, mille dollars pour l'achat de la presse, des caractères, du papier, etc. Nous avons envoyé ces fonds au frère John M. Horner, Californie. , pour qu'il l'utilise pour l'achat de ce que nous voulions. La presse, les caractères et le papier ont été achetés à New York, ont été expédiés autour du Cap Horn jusqu'à Honolulu et, comme j'étais rentré chez moi dans la vallée du Lac Salé, ils ont été envoyés à Parley P. Pratt, à sa demande, à San Francisco, Californie. Il a alors pensé à publier un article là-bas et a écrit à la Première Présidence pour que je sois nommé en mission pour l'aider.

J'étais à peine rentré chez moi après une absence de cinq ans. J'y suis resté environ cinq mois et demi. Lors de la conférence d'avril 1855, j'ai été appelé à partir en mission en Californie, pour publier le Livre de Mormon en langue hawaïenne et pour aider frère Pratt à publier un article. Joseph Bull et Matthew F. Wilkie ont été choisis pour m'accompagner. Lorsque nous sommes arrivés à San Francisco, frère Pratt était parti pour rentrer chez lui. J'ai réussi à le rejoindre au ranch du frère John C. Naile , où il terminait ses préparatifs pour le voyage. Il m'a mis à part pour présider, à sa place, le nord de la Californie et de l'Oregon, et nous nous sommes séparés, lui pour rentrer chez nous et moi pour retourner à San Francisco.

Notre première tâche consistait à trouver un bureau convenable, à installer la presse et à nous mettre au travail. Les frères Bull et Wilkie ne connaissaient rien à la langue hawaïenne ; mais la copie, au début, était bonne, et ils devinrent bientôt si familiers avec les mots qu'ils purent la mettre en caractères presque aussi bien qu'ils le pouvaient en anglais, et ne commettèrent que très peu d'erreurs.

Le président Young m'a conseillé d'emmener ma femme avec moi dans cette mission. Ma méthode de lecture des épreuves consistait à lui faire lire le livre en anglais pendant que je regardais les épreuves de la traduction. Grâce à cela, j'ai pu détecter toute omission de mots ou de phrases. Après avoir ainsi parcouru les épreuves, je les relisais, pour voir si des fautes d'orthographe, etc., m'avaient échappé. C'était ma seule manière de lire par copie ; car je n'avais personne avec moi qui pût lire l'hawaïen. Une fois l'édition radiée et reliée, elle fut envoyée aux anciens des îles.

C'est ainsi que le Livre de Mormon a été traduit et publié pour la première fois dans la langue d'une race d'hommes rouges – une partie de la race pour laquelle ses promesses sont les plus abondantes. Les Anciens qui ont depuis travaillé sur ces îles connaissent le bien que le livre a accompli. Sa diffusion ne manquera jamais de profiter à tous ceux qui le liront.

La langue des insulaires Sandwich est un dialecte de la langue polynésienne, parlée par les insulaires à la peau rouge dans tout le Pacifique. Si le jour viendrait un jour, comme je l'espère, où les indigènes d'autres groupes seront visités et amenés à la connaissance de l'Évangile, il ne faudra que peu de peine pour adapter la traduction hawaïenne à leur langue. Mais que ce soit ou non, le livre a été publié dans la nation hawaïenne. Le Seigneur a clairement manifesté que c'était sa volonté que cette œuvre soit accomplie, et pour son accomplissement, il a ouvert la voie de la manière la plus merveilleuse.

La publication du livre ne faisait pas partie de ma première mission ; mais comme l'esquisse de la traduction ne serait pas complète sans l'ajout de ces quelques détails concernant sa publication, je les insère. En outre, je peux également dire qu'après la publication du Livre de Mormon, la presse et les caractères ont été utilisés pour la publication du *Western Standard* , un journal dont beaucoup de mes lecteurs adultes se souviennent peut-être.

Chapitre 17

Heure du départ – Fonds fournis – Tristesse de la séparation – Contraste entre notre atterrissage et notre départ – Des âmes à embaucher – Une mission extrêmement heureuse

Le moment était venu pour les cinq Anciens, qui étaient restés parmi les dix premiers envoyés dans les îles, de rentrer chez eux. Il s'agissait d'une question de réflexion sur la manière dont nous pourrions obtenir les moyens de revenir. Les insulaires n'avaient que peu d'argent. Un dollar chez eux représentait une très grosse somme ; Une pièce de dix cents représentait généralement pour eux une somme beaucoup plus importante et plus difficile à se procurer qu'un dollar ne l'était pour les Américains. Mais lorsqu'ils ont appris que nous allions bientôt être libérés, ils ont fait preuve d'un esprit très bon et libéral. Pourtant, avec tout ce qu'ils avaient fait, lorsque nos passages étaient engagés, nous n'avions pas assez d'argent pour les payer. Mais nous avions confiance que les moyens nécessaires viendraient de quelque part. Et c'est ce qui s'est produit. Grâce à la gentillesse des frères Lewis, Johnson et Hammond et de quelques frères blancs que nous avions baptisés, nous avons eu suffisamment d'argent et un peu d'argent à emporter avec nous pour nous aider lorsque nous sommes arrivés à San Francisco.

Le Seigneur connaissait nos besoins et il y a pourvu. Et c'est ainsi qu'Il fait toujours avec Ses serviteurs et ceux qui lui font confiance.

James Keeler, l'un des cinq, n'a pas réussi à atteindre Honolulu à temps pour embarquer sur le navire sur lequel nous avions effectué nos traversées. Ce fut une grande déception pour nous.

Les aînés Henry W. Bigler , James Hawkins, William Farrer et moi-même avons fait nos adieux aux aînés et aux saints à Honolulu le samedi 29 juillet [1854] et avons navigué pour San Francisco, retour chez nous. Le quai d'Honolulu était rempli de saints indigènes et d'autres personnes venues nous voir embarquer. Nous avons eu une sacrée ovation. Il y avait aussi les aînés de la maison et sœur Hammond — sœur Lewis n'a pas pu sortir — pour nous faire leurs adieux.

Lorsque le signal fut donné pour que tous montent à bord, nous éprouvâmes beaucoup de difficultés à nous frayer un chemin jusqu'au navire, au milieu de la foule de gens qui se pressaient pour se serrer la main. Mes sentiments étaient indescriptibles. Mes chers amis blancs avec qui j'étais associé dans la plus grande intimité depuis plusieurs années. Les liens du sang ne pouvaient, me semblait-il, nous amener à être plus attachés les uns aux autres que nous ne l'étions. Nous avions enduré les privations et travaillé ensemble ; nous avions conseillé et prié ensemble ; nous avions eu ensemble des périodes de joie et de bonheur, telles que celles que connaissent seuls ceux qui ont été engagés dans des travaux similaires.

Mes sentiments étaient si vifs à l'idée de me séparer de ces compagnons et saints bien-aimés, que, malgré les années pendant lesquelles j'avais été absent de chez moi, et même si j'avais aspiré à ce foyer et à ses associations aimées, je je ne pouvais pas contrôler mes émotions.

Quel contraste entre notre atterrissage et notre départ ! Nous avions atterri là sans amis et inconnus – pour autant que l'homme soit concerné. Maintenant, il y en avait des milliers qui nous aimaient, qui se réjouissaient de la vérité de l'Évangile et du témoignage de Jésus. Sur ce quai, ce jour-là, il y avait une illustration du merveilleux pouvoir de l'Évangile pour créer l'amour dans le cœur des enfants des hommes. Nous étions partis en pleurant et en portant une graine précieuse. Le Seigneur nous avait donné des âmes en échange de notre salaire. Beaucoup de ceux qui y ont été baptisés sont partis d'ici et je crois fermement qu'ils seront comptés parmi les rachetés et les sanctifiés. D'autres, sans doute, se montreront fidèles et recevront un héritage dans le royaume de notre Père.

Plus de vingt-cinq ans se sont écoulés depuis mon départ des îles Sandwich. Durant cette période, ma vie a été heureuse. J'ai rempli de nombreuses missions, j'ai vu de grandes variétés de vie et j'ai eu des relations extrêmement agréables et délicieuses ; mais, après avoir tenu compte de la croissance et de la capacité accrue de jouir, je peux honnêtement dire que, dépourvus comme nous l'étions de beaucoup de choses que les gens élevés comme nous jugent nécessaires pour réconforter, à aucun moment ni en aucune circonstance je n'ai joui d'une plus douce , une joie pure et remplie d'âme que lors de MA PREMIÈRE MISSION.